常读常新
经典故事系列

忠义神勇：关羽的故事

李庆彩 ◎ 著

华中科技大学出版社
http://press.hust.edu.cn
中国·武汉

图书在版编目（CIP数据）

忠义神勇：关羽的故事/李庆彩著.—武汉：华中科技大学出版社，2023.8
（常读常新经典故事系列）
ISBN 978-7-5680-9986-8

Ⅰ.①忠…　Ⅱ.①李…　Ⅲ.①关羽（160-219）—生平事迹—青少年读物
Ⅳ.①K825.2-49

中国国家版本馆CIP数据核字(2023)第162810号

忠义神勇：关羽的故事　　　　　　　　　　　　　　　　　李庆彩　著
Zhong Yi Shen Yong：Guanyu de Gushi

总 策 划：亢博剑	
策划编辑：刘　静	
责任编辑：陈　然	
封面设计：琥珀视觉	
责任校对：李　琴	
责任监印：朱　玢	
出版发行：华中科技大学出版社（中国·武汉）	电话：（027）81321913
武汉市东湖新技术开发区华工科技园	邮编：430223
录　　排：孙雅丽	
印　　刷：湖北新华印务有限公司	
开　　本：880mm×1230mm　1/32	
印　　张：6	
字　　数：125千字	
版　　次：2023年8月第1版第1次印刷	
定　　价：36.00元	

本书若有印装质量问题，请向出版社营销中心调换
全国免费服务热线：400-6679-118　竭诚为您服务
版权所有　侵权必究

南宋（1127—1279）神化了的英雄人物　最右边为关羽

清　监门关圣帝君图

元末明初　剔黑三国故事圆漆盘　三顾茅庐

日本 《三国演义》中的冬季场景

《三国演义》最早于1692年在日本出版,多次被改编为歌舞伎,且常常出现在绘画、版画中,进一步扩大了影响力。

序

关羽生活在一千八百多年前的东汉末年，关羽死后不久，中国历史上最著名的时期之一——三国时代便到来了。这段时期虽然十分短暂，但影响极大。从对本民族的影响来看，这段历史给后世带来了巨大的启发，魏蜀吴三方的相互制约、冲突斗争直到今天都被人们津津乐道，这段历史在军事、政治上的实践直到今天还被人们所关注，研究这段历史，从中汲取智慧，不但造就了一类独特的文化现象，甚至可以指导许多人解决当下遇到的实际问题，成为中华民族战胜困难、解决复杂问题的一座智慧宝库。关羽作为这个时代的重要人物，也被人们所铭记、纪念。从对整个东亚文化圈的影响来看，三国这段历史不但被整个东亚文化圈所熟知，更在日本、韩国等国家打下了深刻的文化烙印，这其中，关羽的影响极其深刻，十分特别。

除了那段令人着迷的历史，关羽以其独特的人格魅力征服了每一个被中华文化浸润过的人。与其他同时代的历史人物不同的是，他的形象没有随着时间的流逝而渐渐淡化，反而穿越

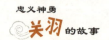

历史而愈加鲜明,他不断被喜爱他的人们赋予着新的形象和更加丰富的象征意义。在其身故后的漫漫岁月中,他逐渐变成了中华民族的一个精神图腾,承载着中华民族最为质朴的期待和最为美好的品质,为每一个认同中华文化的人提供最包容的精神庇护。

当今世界,人们获取信息的方式发生了翻天覆地的变化,越来越多的知识、信息正通过无比便捷、高效的方式被人们所接收。这种便捷在带来海量知识的同时也激励着人们去探寻埋藏在遥远历史星空里的每一个符号的意义,让人们对流淌在自己基因里的信仰更加好奇。关羽更像是打开我们文化基因的一把钥匙,了解关羽、读懂关羽更像是一场基因溯源的奇妙旅程,仿佛只要能够拨开历史的迷雾,从传说中拼凑起那个真实的关羽,便能够更加深刻地认识我们自己,找到藏于茫茫人海中最普遍的民族认同——我们所追寻的至纯至真的忠诚、义气、执着、勇武等精神,仿佛就藏在关羽的身后。

新时代,我们比历史上的任何时候都更接近伟大复兴的民族梦想,但几千年的历史积淀也警醒着我们,越是接近目标,就越要比以往任何时候都更加坚定。这种坚定要建立在自信上,更要建立在对自身、对历史的深刻认识上。而关羽身上,凝结着的不仅仅是他自身的赤诚,还有一代代中华儿女最宝贵的精神气质,我们从他的身上可以源源不断地汲取信仰的力量。

目 录

第一章　历史上的汉寿亭侯

- 第一节　山西游侠 / 1
- 第二节　"桃园结义" / 5
- 第三节　平黄巾小试牛刀 / 12
- 第四节　只斩颜良，未诛文丑 / 20
- 第五节　刮骨疗毒 / 29
- 第六节　单刀赴会？持刀会商！ / 36
- 第七节　威震四方 / 44
- 第八节　白衣渡江 / 52
- 第九节　痛失荆州 / 59
- 第十节　麦城遗恨 / 66

第二章　白璧微瑕关云长

- 第一节　英雄也"小气" / 74
- 第二节　武圣的傲慢 / 79
- 第三节　武人的弊端 / 85
- 第四节　武圣的"朋友圈" / 91
- 第五节　悲剧的根源 / 97

第三章　圣人的脸谱

- 第一节　红脸的关公 / 103
- 第二节　锦衣绿袍美髯公 / 108
- 第三节　青龙偃月刀 / 113
- 第四节　夜读《春秋》的君子 / 119
- 第五节　埋骨两处义绝四方 / 125

第四章　世代传颂的"武圣"

- 第一节　封晋武圣 / 132
- 第二节　武圣象征 / 138
- 第三节　武圣文化 / 144
- 第四节　从人到神 / 150
- 第五节　武圣故事 / 155
- 第六节　武圣之忠 / 161
- 第七节　武圣之义 / 167
- 第八节　后世评价 / 172

关羽大事记 / 176
参考文献 / 178

第一章

历史上的汉寿亭侯

第一节 山西游侠

在滔滔的黄河边、巍峨的吕梁山下,有一座历史悠久的城市——山西运城。这里地理条件优越,黄河在这里蜿蜒流淌,伍姓湖、硝池、汤里滩、鸭子池、北门滩等天然湖泊星罗棋布,滋养了这里丰富的物产,也浇灌了诸多关于中华民族的古老传说。相传,农神后稷在这里教授先民耕种,黄帝的妻子嫘祖在这里教授先民养蚕,中华民族的祖先正是在这里孕育发展了历史悠久的农耕文化。舜和禹先后在这里建都,古老神秘的夏王朝便是在这里诞生,开启了中华民族几千年的灿烂文明。

这里人杰地灵,流传着许多历史文化名人的传奇故事。六岁便能作诗的初唐诗人王勃、中唐文人柳宗元、史学大家司马光、戏曲名家关汉卿等,层出不穷的历史文化名人彰显了这里深厚的文化底蕴。这里富庶丰饶,运城便是因"盐运之城"得名,春秋时这里就造就过商业传奇,大商人猗顿在这里苦心经营,终成一代巨贾。运城深厚的文化和丰富的物产对中国古代政治也产生了深远影响,这里闻喜裴氏家族曾出过五十九位宰相、五十九位大将军,史称"将相接武、公侯一门"。而这里被世人所向往的又一个重要原因，便是诞生了一位影响了中国一千八百余年的重要人物——关羽，以及代表着中华民族忠、义、信美好品格的关公文化。

让我们随着史书的记载回到两千年前，去了解关羽的故事。

关羽所在的朝代是公元25年刘秀建立的东汉，因为刘秀是汉高帝刘邦的九世孙，所以他建立的朝代延续了"汉"的国号，又因为其都城在洛阳，在西汉都城长安之东，故称东汉。类似情况，在我国历史上还有西周和东周。关羽诞生于东汉末年，这时，东汉已经出现了许多衰败的迹象。首先是朝廷政局十分不稳定，积累已久的外戚专政、宦官专权问题导致党争频繁，正直的士大夫被排挤出朝堂，国家政治十分腐败。其次是对外征战不断。为了巩固政权，东汉朝廷与少数民族西羌的争战持续了数十年，花费巨大，朝廷自然要向百姓们征收重税，当时，税收的方式除了交纳农产品，成年男劳动力还要为国家免费劳动，也就是徭役。这时，占全国绝大多数的农民的生活得不到保障。世家大族、大地主囤积土地，导致农民缺少土地，生活愈加困难。终于，这些矛盾集中爆发了出来，爆发了规模巨大的农民起义。

当时，许多百姓找不到生活的出路，便信奉宗教麻痹自己，希望通过信奉宗教来脱离苦难。一个叫张角的人摸透了人们的心理，便以给人治病的方式传教。他与自己的两个兄弟张宝、张梁在百姓当中宣传"太平道"，这种宗教属于道教的一种，

第一章　历史上的汉寿亭侯

其教义宣称在天上有鬼神监视人们的行为,并根据人们行为的善恶来增加或减少他们的寿命,要求人们多行善事,少做坏事。这样的教义让身处痛苦当中的人们看到了希望,经过十多年的努力,张角的太平道发展到了全国许多地方,教徒人数达到了几十万。张角自称"大贤良师",把全国信徒按照地区组织起来,建立了军政合一的组织"方",全国共设三十六方,大方有万余人,小方也有六七千人;各方首领称"渠帅",方中信众都由他统一指挥。张角这种严密的安排,正是在为大规模的起义做准备。公元184年,张角提出了"苍天已死,黄天当立,岁在甲子,天下大吉"的口号,全国信众都在他的号令之下兴兵反汉,因为众信徒都头绑黄巾为记号,这次起义便被称为"黄巾起义"。虽然声势浩大,但黄巾军没能拯救百姓,他们烧毁官府、杀害吏士,还四处劫掠,一个月内,全国七州二十八郡都发生战事,州郡失守、吏士逃亡,起义军所到之处更加民不聊生。为了镇压黄巾起义,朝廷下令各州郡准备作战、训练士兵、整点武器、召集义军。当时,政府的军队已经难以满足平定起义的需要了,加之东汉时期有势力的大家族盛行养私人军队来保卫自己的财产,各地军阀割据,百姓农业生产难以为继,社会治安极其混乱,人民生活更加困苦。即使是在商业发达、人民相对富庶的河东(即运城),百姓们的生活也苦不堪言,关羽生活的地方正是河东郡解县。

关羽是一户普通农户的孩子,他平时不爱说话,从不惹是生非,即使生活困难,依然十分勤奋、踏实。父母为了能让关

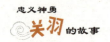

羽有所成就,也让关羽读书识字,就这样,关羽虽然没有治国安邦的大志,但明白许多普通农户子弟不懂的道理。关羽为人正直,虽然身强力壮,却从不欺负弱小,甚至经常路见不平,帮助他人伸张正义。就是这样一个"老实人",也在那个动荡的时代被迫背井离乡,做了一名四处逃亡的"游侠"。

一般认为,游侠之风,始自春秋,盛于战国。西周时期是奴隶社会的繁荣鼎盛期,那时礼乐等级制度森严,可到了春秋时期,诸侯争霸,社会动荡不安,礼崩乐坏,旧的等级制度逐渐被破坏。正所谓"乱世出英雄",当时,不少有识之士利用自己的智慧或武力在各利益集团中显露身手,他们大多数是没落的奴隶贵族和平民,这类人不断增多,便形成了"士"这一阶层,也就是为各种利益集团服务的"门客"。而士也分为两种类型,一种是谋士,专门以文采和口才游说君主获得供养;另一种便是侠士,也就是游侠。游侠是士阶层中的有武力者,由于同时具有一定的才华,虽不能称为"文武双全",却逐渐成为士阶层中最具有特色的群体。我们所熟知的孟尝君窃符救赵的故事中,就出现了一群有着不同本领的"门客"形象,而这些"门客"按照这里的标准来划分,便应该是侠士了。

"爹娘,孩儿不孝,如今孩儿闯下大祸了!"这日,关羽一进门便跪倒在父母脚下。

"这是怎么了?"见此情景,关羽的父母急忙问道。

"孩儿失手将村里的恶霸吕熊……打死了……"

"这可如何是好?那吕熊家人怎会善罢甘休?纵然他平日作恶多端,可如果闹到官府,我儿也难逃一死呀!"关羽的父母说着便落下泪来。

"儿啊,你快逃吧!"二老拉起关羽便往门外推去。

"可您二老怎么办?我若不在家中,您二老可怎么活?"

"你只管逃便是,我们这把年纪,吕熊家人不会找我们麻烦的……"

来不及多说,关羽便逃走了,只是没有人知道,这便是他迈向"武圣"的第一步。

第二节 "桃园结义"

逃出县城,关羽便放松了警惕,那个时候,官兵哪有心思费力追他。但应该逃往何处,让关羽犯了难。自己逃犯的身份,是定然不能为朝廷效力的,但黄巾军是犯上作乱的叛军,自己更不能与之同流合污。虽然出身布衣,但关羽有着很强的责任感,他要做的事,便是为衰微的大汉尽一份绵薄之力。当今天下,遍地英豪,在关羽看来,自己要找到一位真英雄跟从,才能做成一番事业。

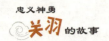

关羽一路并无明确目标，走着走着便到了涿郡，到了这里，他才听说有位义士为了效忠朝廷，解救百姓，组织了一支义军。关羽一向敬佩忠义之人，无论如何也要会会对方，他听说的这位义士，便是刘备。

刘备，字玄德，涿郡涿县（今河北省涿州市大树楼桑村）人，此人不仅仅是义士，身份更是尊贵，乃是西汉中山靖王刘胜之后。

在当时，人们非常重视出身，因为人的出身在大多数情况下便决定了一个人一辈子的成就。因为当时还没有科举制度，官员选拔是通过"察举征辟制"来完成的。

所谓"察举"，就是由州、郡等地方官，在自己的管辖区内进行考察，发现统治阶级需要的人才，以"孝廉""茂才异等""贤良方正"等名目，推荐给中央政府，经过一定的考核，授以相应的官职。所谓"征辟"，是由皇帝或地方长官直接进行征聘。

这种人才选拔方式决定了被选中的人通常是出自大家族的人，像关羽这样的布衣，是没有机会被举荐的。

既然刘备的身份这样尊贵，关羽这样的一介布衣，是不是高攀了呢？让关羽下定决心去投奔刘备的理由其实很简单，刘备也是穷苦出身。皇亲国戚又怎会是穷苦出身呢？这是因为汉代实行的分封制度。汉代皇帝分封了许多王，汉武帝时曾经颁布了推恩令，这些王的王位由嫡子继承，其他儿子则可以分到土地，数代之后，这些王室旁支子弟与百姓的生活水平就很接近了。而刘备因为父亲早亡，甚至过得很穷困，早年间曾与母亲一起卖草鞋为生。

但即使生活穷困潦倒，刘备的志向还是很远大的。刘备小时候与伙伴们一起在树下玩耍，他便指着桑树说："我将来一定会乘坐这样的羽葆盖车。"而羽葆盖车正是天子才能乘坐的车。刘备十五岁被母亲送到曾经在朝廷做过官的卢植门下学习，希望他能够通过读书增长学问被朝廷发现。但经过短暂的学习，刘备发现，自己志不在此，生逢乱世，想要成就事业不能把希望放在读书上。当时，朝廷卖官的风气很猖獗，他这样的没落贵族是很难通过正当途径当官的。于是等到他的老师卢植被朝廷征召做官后，刘备便回到了家乡涿郡涿县，继续等待机会。

到黄巾起义时，刘备终于等到了自己的时机。他想要一支跟随自己建功立业的军队，于是登高一呼，号召大家为平叛尽一份力。在那个生活极其困难的时代，刘备的想法立刻得到了很多人的支持，涿县子弟纷纷跟随刘备。涿县商人也发现刘备不同于常人，且很有号召力，便资助刘备建立起了一支武装，关羽投靠的便是这支队伍。

见到刘备，关羽的顾虑就打消了大半。这人果真如传说中一样不凡。他发现眼前这人确实是器宇轩昂，与众不同。他的手臂很长，即使是见到自己这样的布衣，仍然礼貌地拱手。刘备虽然是读书人，但他并不似其他读书人那样啰唆，对关羽这样的布衣更是礼敬有加,没有半分皇亲国戚的架子。关羽最敬佩的还是刘备胸怀大志,虽然只比自己年长几岁,却想着以天下为己任,还要带着他们一同闯出一番事业。看着刘备脸上自信的神情,关羽认为自己终于找到了方向,他就在此刻下定决心,以后无论如何,都要跟着刘备。

刘备见关羽也与他人不同,这汉子目光灼灼,虽是布衣打扮,却昂首挺胸,自有一番常人没有的气派。以刘备的见识,他也着实被关羽吸引了。

"义士哪里人士?"

"在下关羽,字长生,乃河东解县人士,只因失手杀死村中恶霸逃亡至此,听说您招募义军为朝廷分忧,讨伐反贼,欲解救苍生于水火,羽特来投奔!"关羽不等刘备多问,便报上家门。关羽觉得,若是刘备嫌弃自己是戴罪之身,便片刻也不多留。

关羽为何会这样介绍自己呢?原来,古人除了名,还有字。名字对于我们而言是一个人的代号,但在古代,"名"和"字"是两个完全不同的概念。

通常,古代人会在子女出生后,给子女取一个名,这个名将会成为子女在一生中最正式的称谓,称为大名。人们用这个名字登记官府的户籍簿,因此这个名又叫"官名"。古人认为,成年之后直呼其名就是不礼貌的了,所以取一个字让人称呼自己。而"字"是在子女长大成人以后,由父母或长辈起的又一称呼。在古代，男子长到二十岁（虚岁）便表明其已经成年，这时，就要举行冠礼，同样的，女子在十五岁（虚岁）举行笄礼。待加冠或插笄仪式结束后，受冠者或受笄者便会获得一个新的称谓，这就是"字"了。有了字以后，一般人便不能轻易直呼其名了，尤其是同辈或者晚辈、下属只能称尊长的字而不能称其名。

"好！义士如此坦荡，正是备苦苦寻觅之人！既然义士愿为朝廷效力，备感激不尽。"见关羽如此真诚，刘备更坚定了留下关羽的想法。刘备虽然不过二十几岁的年纪，但他阅人无数，且深谙与人相处之道，像关羽这般坦诚之人，实属难得。自他登高一呼，前来投奔之人也不乏曾经有过作奸犯科经历的恶人，与其说是义军，不如说是乌合之众，队伍里大部分人并没受过专业训练，刘备虽然来者不拒，但内心里并不完全信任他们，有些人不过是些欺软怕硬的狂徒而已。但刘备也明白，自己若想成就一番事业，用人乃当务之急，以他的谋略，这些狂徒也能发挥作用。但如今见到关羽，刘备喜不自胜，有这样一位坦荡之士辅佐自己，肯定会帮自己成就一番事业的。刘备并未多问，便将关羽收至麾下，不但以礼相待，还与关羽无话不谈。

刘备发现，自己所招揽的人中，还有一位可以重用之人，这人就是刘备的同乡张飞。

比起队伍里大多数草莽出身的人，张飞也是极其特别的存

在。张飞勇武过人，与关羽并称为"万人敌"，但张飞并不是《三国演义》中描写的那样粗鲁、莽撞。据明代卓尔昌《画髓元诠》记载，张飞不但喜欢画美人，书法上更是擅长草书。《丹铅总录》记载，涪陵有一刁斗铭。所谓"刁斗"，是古代军中的炊具，铜质，容量一斗，在军营中被用来在夜间敲击巡更。上面的铭文就是张飞所写。且立马铭上的字，也是张飞所刻。元代画家吴镇曾作诗对张飞的书法进行了高度评价，说魏国的钟繇、吴国的皇象在书法上的造诣恐怕都难及张飞。据传，张飞还会作诗赋，他游览真多山时，有感而发，写下了《真多山游记》。

关羽比张飞年长几岁，因此张飞把关羽当作兄长来看待，二人共同辅佐刘备。关、张二人武艺超群，虽然出身不高，但重情重义，刘备不论到何处，二人都形影不离跟随，默默伫立刘备身后，保护刘备的安全，因此刘备也特别器重二人，将二人视作左膀右臂。

仅仅是左膀右臂？不是结为异姓兄弟吗？还真不是。桃园结义只是后世文人的演义，虽然在当时很多人为了增进感情而结拜为异姓兄弟，但刘备与关、张二人之间，还是有着明显的君臣之别的。关、张二人视刘备为主，又怎敢与其称兄道弟？他们之间特别的感情，来源于刘备的用心经营，也源自二人的忠诚。自投到刘备门下，刘备与关、张二人经常同寝而眠，恩若兄弟，一同开启建功立业之路。他们之间的这种感情，甚至比许多真正结拜过的人还要深厚。

古人为何结拜呢？结拜雅称"义结金兰"，俗称结义、换帖、拜把子等，是民间结为兄弟姐妹般关系的一种形式。一般是志趣、性格等相近或互相投缘的人，通过一定的形式，结为兄弟姐妹般的关系，生活上互相关心、支持帮助，遇事互相照应。久而久之，遂演变成一种具有人文色彩的礼仪习俗。这是友情的升华与社会关系的一种定格，贯穿着儒家"义"的思想，填充于亲情与友情之间，是一种友情升华为亲情的特殊社会人际关系。

那古人要怎样结拜呢？古代结义是有着规范性的礼仪程序的，即以自愿为基础，通过协商选择吉日良辰，在一个大家都认为较适宜的地方，如祠堂等，摆放神像和三牲祭品，即猪、牛、羊或鸡、鱼、猪，以及一只活鸡（男结拜为雄鸡，女结拜为雌鸡）、一碗红酒和"金兰谱"。每人一份"金兰谱"，以年龄大小为序写上各人名字，并按手印。仪式开始后，每人拿一炷香和"金兰谱"，然后，现场宰杀活鸡，将鸡血滴入酒中，每人左手中指（女人右手中指）用针尖刺破，把血也滴入红酒中，搅拌均匀，先洒三滴在地上，最后以年龄大小为序，每人喝一口，剩下的放在神像前。这种形式，有的也叫"歃血立盟"。结义者不分男女老少，人数无限定，古代规定必须是奇数。结拜的禁忌也有不少：一是宗亲者不结拜；二是姻亲者不结拜；三是有辈分差别者不结拜；四是八字不合者不结拜；五是破族规者不结拜等。随着社会进步和文明程度的提高，人们认为只要彼此好相处，不必拘泥于某种形式。古代结拜仪式后，结拜

人之间即以兄弟姐妹相称，有的在称呼前加"契""兰""谊"等字，也有的俗称为老大、老二、老三……结拜意味着生死与共，有福同享，有难同当。凡遇婚丧喜庆、过年过节等，结拜人均以兄弟姐妹关系来往。

虽然三人没有结拜，但在以后的日子里，三人的感情日渐深厚，不是旁人能比的。正是有了关、张二人，刘备日后才得以建立一番功业。

刘备带领这支三百人的义军队伍，经过简单的操练后，便开始了平叛之路，本地的商人资助了他们钱粮和铁，为他们打造了兵器，他们便上路了。

这时，刘备刚刚二十四岁，关羽、张飞也同样十分年轻，但他们已经迫不及待在乱世中成就一番事业了！

第三节　平黄巾小试牛刀

黄巾起义于公元184年在黄巾军的首领张角的家乡冀州巨鹿（今河北邢台巨鹿县）爆发，但在当年就被朝廷镇压了。可是，因为农民始终找不到其他途径改善自身的处境，所以，黄巾起义并没有被成功扑灭，而是一直持续了二十多年。东汉朝廷面对这种情况，却是有心无力，他们既无法改善农民的生存问题，又无法调集足够的军队平定四起的叛乱，只得向民间求助。这个时候，全国各地的私家军队便都争相加入平叛的队伍。所谓私兵，就是强大的宗族为了能够在战乱中自保，豢养的私人武装。比如在山东，曹操便率人镇压当地的黄巾军起义，不但平定了叛乱，还收编了许多起义军，壮大了自己的势力。这种情况，充分显示出东汉朝廷的无力和地方武装的混乱，但也正是由于私兵盛行，大量的草莽英雄才能登上历史舞台，这正是历史给关羽这样的平民子弟的机会。

这一次，刘备带领关羽和张飞就是要借助平定起义来建功立业。刘备带领关羽、张飞二人迅速奔赴起义闹得最凶的冀州。这里是"天公将军"张角的故乡，也是朝廷派兵重点平叛的地方。刘备的几百人在这场战斗中不过是一支不起眼的小队伍，却靠着关羽和张飞的勇猛作战表现得十分亮眼。黄巾军因为没有远大的军事目标，采取的军事行动不过就是攻打官府、抢掠百姓，但刘备跟从的校尉邹靖经验很丰富。在他的指挥下，刘备带领的这支队伍给起义军带来了沉重的打击，很快，冀州的叛军就被全国各地赶来驰援的军队扑灭了。虽然黄巾军战斗力不佳，但这毕竟是关羽参加的第一次战斗，关羽在这次平叛中学到了很多军事技巧。关羽平时就很勇猛，但只限于单打独斗，在这次平叛中，他的军事才能也得到了充分的体现，成为刘备的得力助手。关羽忠心耿耿对待刘备，他已经认定了刘备为主，必然要追随到底，更何况自己作为一个戴罪之人，如今能够为了巩固大汉江山贡献力量，当然要肝脑涂地。此后，刘备也更

加信任关羽,甚至到了可以把身家性命托付给关羽的程度。

刘关张这支队伍在当地百姓中建立了很高的威信,就连当地的官员都对他们十分肯定。加上负责冀州平叛事务的正是刘备的老师卢植,卢植便大力推荐刘备,刘备终于带着关羽、张飞一起走上了仕途。刘备被任命为冀州安熹县(在今河北定州市东南)的县尉。虽说做了官,可这并不是什么大官,距离刘备匡扶汉室的目标更是相去甚远。

东汉的官制是三公九卿制,在中央由三公九卿来帮助皇帝治理国家。"三公"分别是太尉、司徒、司空,分管行政、司法和监察,"九卿"则分别为太常、光禄勋、卫尉、太仆、廷尉、大鸿胪、宗正、大司农、少府,掌管国家各项事务。地方又分为州、郡、县三级,其中县属于最末一级行政区划。 小贴士

刘备正是县里主管治安的官员。虽然官职不高,但刘备、关羽、张飞三人还是很珍惜这次三人用军功换来的机会,兢兢业业地负责本地治安,很为当地百姓着想,关羽更是不遗余力地辅佐着刘备朝着自己心中好官的标准努力。

可惜事与愿违,正当三人准备在安熹县一步一个脚印走好官场之路的时候,朝廷的一道命令却给了他们当头一棒——朝廷下令要清除因为镇压黄巾起义而被任命的官员。为了能够甄别这些官员,朝廷还特别派了督邮来开展这项工作。督邮是汉

代各郡的重要属吏，代表太守督察县乡，也负责宣达政令兼管司法等。

"这要如何是好？"一向淡定的刘备忍不住向关羽、张飞二人发问。见刘备如此焦急，二人也无能为力。

"不如我们去见一见督邮大人吧。"关羽、张飞便向刘备提议，三人都觉得此法可行，毕竟三人军功有目共睹，自打当官以来，刘备在百姓中也很有威望，若是如实说明情况，督邮或许可以网开一面。

可当时的情况是，全国因为黄巾起义而任命的官员确实数不胜数，督邮此次来安熹县，主要目标便是收回刘备的官职，又怎肯见他们呢？

"云长、翼德，我本想带你二人出人头地，为朝廷效力，建立一番功业。可如今这情形，我连一个小小的县尉之职都保不住，更别说兼顾你二人的前程了，你们都是勇猛之士，在如今这兵荒马乱的乱世，定能闯出一片天地来，你们改投他人去吧。"刘备也很无奈，但此时的情景也不是他能决定得了的。

"大人哪里话？我关羽既然已经认定大人，必不会再改投他人，且不说您不嫌弃我是戴罪之人，以礼待我，您一心为大汉效力，为百姓奔波便是大忠之举，普天之下，您让我到哪里再找第二个如此忠义之士？"关羽说得恳切，张飞也连忙表态。

"我张飞也要跟着大人，大丈夫怎能因此等小事发愁，我们为朝廷立下汗马功劳，这朝廷居然过河拆桥，这等微末小官

不做也罢，但那督邮着实不识好歹，便是此番我们弃官而去，也不能轻易饶过他！"

听张飞这样一说，刘备反而大笑起来。

"对！大丈夫岂能因此等小事发愁，既然二位愿意追随我刘备，我们便另谋出路去，不做这小官又有何妨！"

是夜，月黑风高，刘备带领关羽、张飞气势汹汹地闯入督邮住处。督邮所带随从根本不是刘关张三人的对手，张飞一脚踢开督邮的房门。此刻督邮大人正在床榻上瑟瑟发抖。

"你……你们是什么人？！"督邮见三人凶神恶煞一般，已经吓得话都说不完整了。

"我便是多次求见大人不得的刘备！"

"刘大人，久仰久仰，快快请坐，什么大事还劳烦刘大人亲自跑一趟？"

"督邮大人不是来没收我家大人的官职来的吗？我等这不是来还你了……"

还不等关羽说完，张飞将床榻上的督邮拎起就往外走，二人三两下便将督邮绑住，扔到刘备面前。见督邮瑟瑟发抖地伏在地上，刘备不禁越想越气：当初自己求见的时候，这督邮百般推脱不肯相见，如今一见，不过就是个鼠辈！可朝廷宁可要这样的鼠辈，也不给自己效力的机会！刘备二话不说，恶狠狠将其抽打了一番，发泄心中不满，任凭督邮如何哀号求饶也不停手。

"这破官不做也罢,你只管拿回去吧!"刘备说罢,将官印挂在督邮的脖子上,三人骑马扬长而去。自此,三人平叛黄巾起义挣来的军功算是付之东流了。

但俗话说,时势造英雄,当时东汉除了黄巾起义,还有另外一件天下人都趋之若鹜的事给三人创造了机会,那就是讨伐董卓。

话说,汉灵帝病重时还未册立太子。汉灵帝有两个儿子:一个是何皇后所生,名为刘辩;另一个是王美人所生,名为刘协。为了争夺权力,宦官与外戚何进在立太子的问题上产生了分歧。群臣请立太子,汉灵帝因刘辩轻佻浅薄,很不中意,但废嫡立庶,又担心群臣反对,所以举棋不定。宦官不愿意大权落入何进手中,便支持刘协,还借口平叛,欲支走何进。而何进则借口派袁绍东进徐兖平定黄巾起义尚未还兵而拖延时间。等到汉灵帝病死后,宦官决定先诛何进,后立刘协,何进却集结军队于宫外,逼迫宦官不得不立刘辩为帝。刘辩即位,何皇后以皇太后身份临朝。此后,何进与宦官在权力争夺上开展了多轮明争暗斗,袁绍为他出谋划策,渐渐成了何进的心腹。在除掉宦官的问题上,何进与何太后产生了分歧,最终在袁绍的建议下,何进起兵向何太后兵谏,于是,何进下令召并州牧董卓带领军队到京。宦官们走投无路,铤而走险闯入宫中斩杀了何进。部将听说何进被杀,便领兵入宫,由虎贲中郎将袁术攻打宫城,这袁术正是袁绍的弟弟。张让等宦官挟持了少帝刘辩

和陈留王刘协仓皇外逃,袁绍与叔父袁隗率军捕杀了没有来得及逃走的宦官赵忠等人。正当袁绍在内宫大肆屠戮宦官的时候,董卓率领军队抵达洛阳西郊,在北邙阪下巧遇了被挟持的少帝刘辩和陈留王刘协,他坐收渔利,成了这次兵谏的最大受益者,此后董卓便控制了大汉朝廷。董卓与袁绍在立刘辩还是刘协的问题上再次产生分歧,袁绍在朝堂上顶撞了董卓后逃走,便成了天下人眼中讨伐董卓的不二人选。

后来,董卓不但废掉了少帝刘辩,拥立了年少的献帝刘协,还弑杀了少帝及何太后,专断朝政。他的这些所作所为,在朝廷内外引起了极大的不满,天下已经因讨伐董卓而形成了几股强悍的势力。

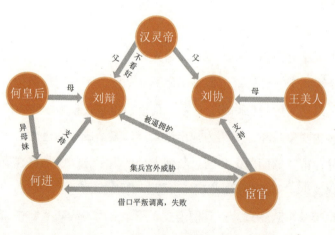

立太子势力图

第一章 历史上的汉寿亭侯

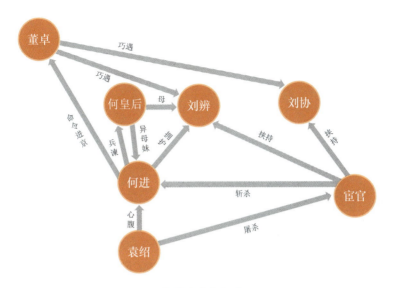

何进兵谏势力图

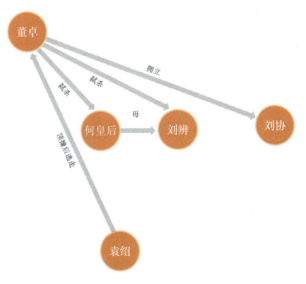

董卓夺权后关系图

第四节　只斩颜良，未诛文丑

果然，鞭打督邮之后，刘关张三人受到朝廷的通缉又开始了到处奔波的生活。这时的关羽还没想到，自己也能有封侯的一天。而且这件事还是曹操的功劳，具体是怎么回事呢？这还要从三人逃出安熹县说起。

当时为乱世，到处都有人招兵买马，三人鞭打督邮的事情很快就没人再追究了。三人逃到豫州东部的梁国、沛国之间（治所分别在今河南省商丘市、安徽省淮北市）后，遇到了刘备的故人毌丘毅，三人随其南下江东。在毌丘毅的保举之下，刘备做了青州下密县的县丞，继而又升任了青州高唐县县令。可是没过多久，高唐县便被贼人攻破，刘备带着关羽、张飞又投奔了自己的同窗公孙瓒，在公孙瓒处，关羽也终于谋得职位。这公孙瓒，正是讨伐董卓的一股重要势力。

此外，还有两股势力不容小觑，一股是曹操，另一股便是从洛阳出逃的袁绍。与刘备不同，曹操的父亲曹嵩，曾经位列"三公"，做过东汉的太尉。曹操本人也做过禁卫军的将领。曹操看准了董卓独断专行、不得人心，便想方设法要除掉董卓。在刺杀董卓失败之后，他逃出了洛阳，准备回老家聚集势力，讨伐董卓。由于董卓不得人心，在当时，很多讨伐董卓的人都被视为英雄，曹操也正因刺杀董卓这件事声名大噪，不少英雄都归顺了曹操,形成了一股可观的势力。袁绍更不必说,出身汉末名门"汝南袁氏",自高祖父袁安起,四代有五人位居"三公",便是被天下英雄所津津乐道的"四世三公"。

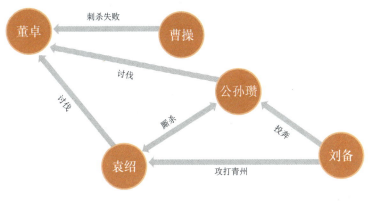

讨伐董卓势力图

按理说,几股势力有着同样的战略目标,应该同心协力才是,但作为军阀,几股势力的领导者更倾向于扩大自己的势力,抢占更多资源,所以这几股势力之间也经常混战。也有并不属于这几股势力的其他军阀,偶尔向他们发动攻击。比如冀州西陲的常山国(今河北元氏县西北)国相(相当于郡太守)就不服袁绍的节制,还派了一队兵丁去支持与袁绍对立的公孙瓒,带领这批人的将领正是赵云。

袁绍与公孙瓒之间在冀州展开了厮杀,许多原来支持袁绍的势力已经转投公孙瓒旗下。趁着这个机会,刘备便请命替公孙瓒攻打同样属于袁绍势力范围的青州,还向公孙瓒讨得赵云

为其统率骑兵,就这样赵云又被公孙瓒派到刘备手下,刘备因此得到一员猛将。

起初,刘备在公孙瓒手下做别部司马,这个职位只是低级军官。东汉献帝初平二年(191年)年底,刘备率军很快拿下青州。在这次行动中,关羽和张飞赢得了"万夫不当之勇"的美名,正式崭露头角。事后,公孙瓒奖励刘备做了别部司马并兼任平原相。

所谓"平原相",就是青州平原国(治所在今山东平原县南)的国相(相当于郡太守),平原国下辖九县,在青州下属的六个郡国中,平原国人口超过百万。这平原相就是带领一方百姓的主官了。

刘备也因此有了自己任命低级官员的权力,关羽和张飞便被他任命为别部司马,各率步卒二千。此时的关羽,已经是一副英武的将军模样了,每逢刘备升堂聚众议事,堂前卫队行列整齐,仪容端肃;堂内关羽、张飞仍然立侍在刘备两侧,终日不倦;其余各项事务,统归赵云综理。刘备本以为自此可以放心壮大自己的势力,一步步完成大业。可命运又跟他开起了玩笑,此后不久,刘备先是因为派关羽和赵云援助孔融而丢掉了平原国国相职务,后来又因为担任了豫州刺史,而同时与公孙瓒决裂,并与曹操结了仇;好不容易取代陶谦做了徐州牧,却又被吕布鸠占鹊巢,失去了根据地,开启了此后长达十二年的

第一章 历史上的汉寿亭侯

漂泊生涯。

此时的刘备,因为与曹操合力击败吕布,已经辗转投靠到曹操麾下。为了表彰刘备与自己合力攻击吕布的功劳,曹操还亲自上表汉献帝,委任刘备为左将军,关羽和张飞为中郎将。这段时间,曹操对刘备礼遇有加。然而此时的刘备,已经再也不愿屈居曹操之下了。

原来,此次刘备在许县见到了被曹操挟持至此的汉献帝。此时,汉献帝已经十九岁了,登基十年却一直是傀儡皇帝,这让汉献帝十分苦恼。他甚至直接对曹操表达不满,他对曹操说:"你若是真心辅佐我,便对我宽厚一些,如若不然,就请放我回到陈留国去!"这陈留国,正是汉献帝做皇子时候的封地。汉献帝对曹操这样说,实际上是以自己的皇位逼迫曹操安守本分,曹操却因此加紧了对汉献帝的监视。汉献帝只得给国舅董承写下密诏,让他组织官员诛杀曹操,救自己于水火。此时,有战功在身的刘备便进入了董承的视野,参与了这项光荣的任务。自从参与了这项秘密任务,刘备在曹操身边也难以安心。

某日,曹操宴请刘备,与他讨论起当世英雄来:"玄德,依你看,当今天下谁可以称得上是英雄?"

曹操突然宴请刘备,已经让他惴惴不安了,这突如其来的问题,更让刘备不知如何回答。刘备说了几个人的名字。

曹操说:"当今天下,能称得上英雄的,只有玄德与我。"刘备听完,身上不觉颤抖起来,连手中的筷子都掉落了。

"我怎称得上是英雄?曹丞相过誉了!"曹操见刘备如此

惶恐，便放松了对刘备的警惕。

自此，刘备便加紧寻找机会想从曹操身边逃走。建安五年（200年）曹操与袁绍率领军队相持于官渡（今河南中牟东北），著名的官渡之战打响了。

战役之初，刘备便以帮助曹操讨伐袁术为名，从曹操处领了小股部队出走了，并趁曹操不备之机夺取了徐州。

刘备为了防止曹操报复，在徐州做了许多筹谋，而此时的关羽已经能够独当一面了。关羽领兵两千留在下邳，刘备自己则率三千兵众西据小沛，双方形成掎角之势，一旦发现敌情，便可互相支援，谨防曹操来攻。刘备判断，曹操与袁绍实力悬殊，此时的袁绍已经战胜了公孙瓒，势力大增，曹操实力逊于袁绍，必将全力对付袁绍，且董承等人又在曹操的大本营许县密谋反曹，此时曹操必然无暇顾及自己，只是没料到，曹操为了专心与袁绍决战，决定先平定后方，铲除刘备。待曹操挑选精锐兵卒兵分两路奔袭小沛和下邳时，刘备才发觉自己与关羽之间的联系已经被曹操切断，自己陷入孤立无援的境地。最终，此战以刘备大败而告终，刘备率领张飞、赵云等人匆匆向北奔逃。而他的妻室儿女，连同小沛城池，都落到曹操手中。曹操攻占小沛后，立即围困了下邳。而关羽仅有部下两千余人，无奈闭城死守。不料，曹操以刘备的妻室儿女为人质要挟关羽投降。

第一章　历史上的汉寿亭侯

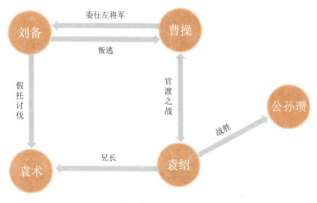

讨伐董卓后势力图

关羽此刻心如刀绞，一方面刘备、张飞不知所踪，或许自己再无可能见到他们二人，多年来的苦心经营可能毁于今日；另一方面，刘备的家眷如今落入敌手，安危全系于自己一身，而自己的名节重于泰山，当前实乃两难之选。权衡再三，关羽还是决定出城投降。

"报！关羽同意投降！"

听前方传来这个消息，曹操不禁有些惊讶。在曹操看来，当此乱世，良禽择木而栖，大多数人选择投靠对象的重要标准都是对方的出身。比如投靠袁绍的人，大部分都看中了袁绍的出身。刘备虽然称得上英雄，但奈何出身不高，成大事的机会十分渺茫，他自己都只能到处投靠他人来寻求庇护，对身边人又怎会有丰厚的回报呢？但关羽与大多数人不同，不论刘备出身如何，他始终视刘备为主，不论刘备的处境何等狼狈，他都

忠心耿耿追随刘备。这样的人看重的无非"忠义"二字，若让这种人舍弃自己的名节投降，无异于奇耻大辱，可如今，关羽竟然仅仅为了刘备家眷便放弃自己的名节而投降敌人，可见他对刘备的忠心已经超过一切。或许这其中有诈？

"不过……"

"讲！"曹操为了证实心中猜想，便叫报信之人把话说完。

"关羽提出条件，要求妥善安置刘备家眷，不得滥杀城内百姓……"

"好一个关羽，死到临头还想着别人。"曹操既惊讶又有些得意，几个家眷而已，不杀就不杀，而如今，关羽唾手可得，如果能收服关羽，手下便多了一员猛将，本来就溃不成军的刘备将更加无所依仗，再难成气候了。

"就依他所说。"说罢，曹操便仰天大笑起来。

自关羽降曹后，曹操不但满足了关羽提出的条件，还对他礼遇有加，任命他为偏将军。虽然官位不高，但对关羽来说，已经是很高的礼遇了，关羽深受曹操器重，虽不能弃刘备，却也希望能够报答曹操。终于，他盼望的机会来了。曹操与袁绍决战在即，袁绍麾下有一猛将名为颜良，奉袁绍之命进围白马（今河南滑县）。连孔融都因为颜良勇猛过人而劝说曹操应该投降袁绍，但曹操怎可能为此而投降，便派遣中郎将张辽、偏将军关羽为先锋迎战。

两军阵前，关羽远远便望见了颜良麾盖，关羽知道颜良勇猛，深知必要出其不意才能取胜，于是在张辽军队与颜良军队交战之时，关羽策马急速冲向颜良。颜良眼见一名大汉朝他冲杀过来，只一愣神，却并未及时躲闪，在他眼中，哪有人敢在自己面前造次？可关羽动作极快，再也没给颜良后悔的机会，迅速将颜良斩于马下，还没等双方军队反应过来，他又拔出腰间佩刀斩其首级而归。双方这才惊觉，只这一刹那的工夫，战役胜负已定。见颜良一死，袁军大乱，自乱阵脚，纷纷溃逃。而曹军则人心大振，曾经让他们胆寒的大将颜良就这样被关羽斩杀，此战哪有不胜的道理？于是曹军跟随关羽乘胜向袁军杀去，袁军诸将再无一人能够挡住关羽。最终，关羽助曹操解了白马之围。关羽斩杀悍将颜良后，声名大噪，曹操也乐不可支，没想到关羽能立下如此大功，便封他为汉寿亭侯。

"汉寿亭侯"是个什么官职呢？其实"汉寿亭侯"并不是官位，而是一种爵位，关羽之前被封的"偏将军"才是官位。

那官位和爵位有什么区别呢？古代讲究职以能授，爵以功赏。官位属于行政系统，有具体的职务和对应的上下级关系，并有定期的考核，多是通过选拔人才的方式来授予官位，而且官位不可世袭。但爵位属于荣誉系统，没有具体的职务，一般是皇室贵族或者做出重要贡献的大臣，才会被授予爵位。和官位不同，很多爵位是可以世袭的。一般有爵位的人都会有官位，但取得官位容易，而取得爵位却很难。西汉著名的飞将军李广，一生都没有取得侯爵。张飞虽然一直和关羽齐名，却在关羽被封汉寿亭侯二十多年后，才被封侯，而且还是刘备称帝之后才

册封的。

这个汉寿亭侯到底是个多高的爵位呢？为了奖励军功，秦朝在商鞅变法时，曾经设置了二十等爵，这些爵位由低到高依次为：一公士、二上造、三簪袅、四不更、五大夫、六官大夫、七公大夫、八公乘、九五大夫、十左庶长、十一右庶长、十二左更、十三中更、十四右更、十五少上造、十六大上造（大良造）、十七驷车庶长、十八大庶长、十九关内侯、二十彻侯。汉朝建立后，继承了秦朝的爵位制度，并添加了王爵。汉武帝时，为了避讳皇帝名刘彻，第二十等爵位彻侯，改为列侯或者通侯。西汉初年，大封功臣，因为军功受封列侯者很多，那时列侯封地也比较大，大者有数万户，小者也有五百户。但是到了东汉时期，列侯封地逐渐变小，大者不过四县，小者可能仅有一亭。因此，列侯根据封地大小，分为县侯、乡侯、亭侯。

虽然关羽的亭侯，小于乡侯和县侯，但是属于第二十等爵位——列侯，这个爵位已经很高了。而关羽的汉寿亭侯，是自己在战场上通过军功得来的。所以关羽对于这个"汉寿亭侯"爵位，也自然十分珍视。其实，三国有很多大臣，都是被封为亭侯的，比如，魏国于禁被封为益寿亭侯，李典被封为都亭侯，荀彧被封为万岁亭侯，荀攸被封为陵树亭侯。三国蜀汉的建立者刘备，在建安元年（196年）时，也被封为宜城亭侯，一直到219年，才晋位为王爵（汉中王），他做了二十三年的亭侯。

关羽斩杀颜良后再诛文丑？这功劳还真不是关羽的。

解了白马之围后，曹操认为白马并不适合防御，便主动放弃了在白马的据点，袁绍渡河追击曹操，双方又在白马发生了白马之战，曹操诱敌深入，袁绍进入曹操圈套，派骑兵主将文丑和刘备率五六千骑兵追击曹操，曹操指挥士兵用携带物资引诱袁绍骑兵分散抢劫，趁其不备以不足六百的骑兵将袁军冲散，文丑正是在此战中阵亡，与关羽并无关系。

关羽虽报恩心切，却不想因此给刘备带来了麻烦。原来，从徐州逃跑的刘备为了寻找栖身之所到袁绍那里去了。袁军在白马的两场战事皆败，或多或少都与刘备有关，这让刘备不得不再谋出路。关羽得知刘备去处后便也向曹操辞别，带着刘备家眷与刘备会合去了。

曹操虽然不舍，但也无能为力，关羽在自己帐中种种勇猛的表现，不过是急于与刘备会合罢了，于是曹操并未加以阻拦，所以关羽也并未"过五关斩六将"。

第五节　刮骨疗毒

建安五（2000年）年七月，关羽终于与刘备会合了。第二年，曹操便打败了袁绍，占领了北方大部分疆土。刘备带着关羽等人投奔了荆州刘表，并最终在荆州扎下根来。刘备选择荆州，虽属无奈之举，却也从此迎来了转折，荆州对刘备和关羽都有

着非凡的意义。

东汉时将疆域分为十三个州，荆州是其中之一。荆州地域广大，下辖南阳郡、南郡、江夏郡、武陵郡、长沙郡、零陵郡和桂阳郡七郡，也就是包含了今天的湖北省和湖南省全境，以及河南省南部的一大片地方，当时人口数量达到六百二十万，这块肥沃的疆域自然也就成了各方势力的必争之地。

公元190年，刘表担任荆州牧，荆州七郡基本上全部在刘表手中。建安十三年（208年），刘备投靠刘表，屯兵于新野。孙权、曹操也同时加入了争夺荆州之列，孙权夺取了江夏郡位于长江以南的地区，曹操占领了南阳郡，刘表则拥有其余五郡。

建安十三年（208年）八月，刘表突患重病，最终不治身亡，继承他荆州牧位置的不是长子刘琦，而是次子刘琮。这个时候，曹操得知刘表病逝，突然领兵向荆州杀来。同年九月，曹操带领二十万大军浩浩荡荡直奔荆州！刘备本想着与曹操决一死战，但没想到刘琮已经先他一步，偷偷向曹操投降了。这不但将刘备置于孤立无援之境，还导致刘备失去了先机，待刘备发现事情不对的时候，曹操的大军已经逼近刘备所在的樊城了。大军压境，刘备只得率军撤出樊城，避敌主力。这次撤退，刘备把更艰巨的任务交给了关羽。刘备人马分为两路撤出，他自己率领一路军队由陆路撤退，诸葛亮、徐庶、张飞、赵云等文武官员及其家眷都在这一队中。而另一路军队则走水路，只由关羽一人率领。关羽一刻都不敢耽误，立刻率领水军三千驾驶各型船只数百艘，顺沔水东下，经夏口（在今湖北武汉）入长江，再溯江西上，打算与刘备在江陵会师。

关羽率领军队出发后，一路并未遇到曹军，按照约定时间到达江陵后，关羽便开始做迎接刘备共同抵抗曹军的准备。可是左等右等，依然不见刘备等人的踪影，这可急坏了关羽。要知道，曹军来势凶猛，而刘备匆忙弃城而逃，气势上已经不占优势了，若此时被曹军追上，必然凶多吉少。关羽顾不得自己，连忙率领三千水军原路返回，希望能够找到刘备。果然，不久后，关羽在沔水西岸，遇到了狼狈的刘备。

"主公！关羽救驾来迟，还请主公原谅！"

关羽并未询问刘备何以错过约定期限，他见刘备一行人如此狼狈，便关心起众人安危来。

"云长哪里话？如今与你会合，我们便是得救了！"刘备惊魂稍定，便与关羽说起这段时间的遭遇来。

原来，当初从樊城撤出后，他们接纳了许多拥护刘备的百姓，导致行动十分迟缓，而曹操的军队则行动迅速，刘备撤离樊城之后的第三天，曹操就率大军抵达新野县城，而曹军并没有像刘备估计的那样，在新野城中逗留庆贺，反而加快了追赶步伐，仅用一天一夜便追上了刘备的队伍，双方在当阳城北的长坂（今湖北当阳）遭遇时，刘备仍然有些不可置信。曹操当即向刘备发起进攻，刘备带着诸葛亮、徐庶和张飞等数十人向南奔逃，状况十分狼狈，赵云带着刘备的家眷也不知所踪了。经与诸葛亮商议，刘备决定取道东南，到江陵下游的长江北岸，等待关羽的水军。可见，刘备见到关羽时有多么激动。就这样，

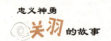

关羽帮助刘备逃过一劫，刘备便退守到了夏口。

此后，刘备对关羽的信任达到了顶峰，而关羽的才能也得到了最大程度地发挥。但此时，他们面临的最大问题便是生存下去的问题。经此一役，曹操已经占有了除江夏郡以外的荆州六郡，势力大涨。正在刘备一筹莫展之时，东吴传来了好消息，孙权派鲁肃与刘备会谈，意图联合抗击曹操。这一年十二月，孙刘联军就在赤壁大败曹操，迫使曹操退守南阳郡。

赤壁之战中，关羽遭遇了少有的败绩。关羽主要负责带领水军封闭汉江，堵截曹操从这里进入长江，战事一起，曹军果然从这里渡江。江面上，面对浩浩荡荡的曹军，关羽仍然镇定自若，他朝将士们大喊："不能放任何一个曹军渡江！"但此刻，手下众将士已经萌生了退意——只见江面上黑压压一片，全是曹军战船，将士们早听说曹操兵多将广，曹军装备精良，今日一见，果然名不虚传。与对方相比，孙刘联军将少船寡，实力相差悬殊。而关羽要迎战的乃是以水战见长的文聘和胆识过人的乐进。这二人率军驾船直奔关羽所率船队，未及战船靠近，喊杀声已经震天。

"放箭！"关羽见敌船来势汹汹，急忙下令以弓箭抵挡曹军进攻，可曹军战船速度极快，关羽手下弓箭手不足，曹军几乎不受影响便冲杀过来，双方战船一靠近，曹军便迅速登船砍杀联军。见此状况，关羽立即下令撤退。好在联军战船灵活，关羽才得以退至汉津。未及联军稍作喘息，哨兵来报，曹军大将文聘、徐晃又率战船来犯！

第一章 历史上的汉寿亭侯

"再退!"这一次,联军连辎重都来不及保全,便又退至荆城(今湖北钟祥市西南),可文聘、乐进始终紧追不放,意欲一举将关羽所率这支联军全部歼灭。

"难道我关羽要死在此地吗?"关羽心中不免有一丝凄凉掠过,却仍然率部拼命死守,眼见手下士兵死伤大半,关羽已经抱了必死之决心。

"报!曹军突然撤退!是否追击?"哨兵突然来报,关羽定睛一看,江上浩浩荡荡的曹军战船确实放缓了攻击势头,掉转船头,向后退去。

"莫追!"直觉告诉关羽,当前联军死伤惨重,此刻曹军撤退,正好得到喘息之机,如若追击,不管对方是否有诈,联军都是以卵击石。此时曹军突然退去,确实不是为了引诱关羽,而是曹军主力被周瑜设计的火攻打败,消息传来,文聘、乐进不得不率部回援罢了。

看着远去的敌船,关羽不由得松了一口气,看来这一劫是暂时过去了。

曹操兵败,刘备终于有了夺取荆州的机会。趁着周瑜率军攻占南郡,刘备则抢占了荆州南部四郡,为了继续发展壮大,刘备向孙权索要荆州的南郡。当时,孙权要联合刘备才能抵挡曹操,为了生存下去,只得认真考虑刘备的要求。孙权手下的鲁肃为了顾全孙刘联盟,劝说孙权把南郡"借"给刘备,于是刘备就拥有了荆州五郡。有了这么一块根据地,刘备便可放心发展自己的事业了,在他向外扩张的时候,他便把这块最重要

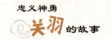

的根据地交给了自己最放心的人选——关羽。

此后数年,关羽固守荆州,并不断向北扩展势力,将荆州打造成了刘备的坚固后方。连年征战中,关羽曾被流矢射中,箭头穿透左臂,后来伤口虽然愈合,但一遇阴雨天气,臂骨便经常疼痛。如此下去,若遇战事必会耽误大事,关羽便差人找来医生商讨医治的办法。

"此乃旧伤,医士可有根治之法?"

"恕草民直言,却有医治之法,但恐怕将军难以承受。"

"我关羽戎马一生,战场之上什么场面没见过?医士只管替我医治,关某定然承受得住。"

"将军,此伤是旧伤,况箭头有毒,当时医治不及时,毒已渗入骨内,若要根治,便需要在臂上重新开刀,刮去臂骨上的毒素,方能治愈。"

"哈哈哈!"关羽大笑起来,"我当是什么手段?不过刮骨而已,医士放心,此等小事,医士只管大胆医治。"

关羽当即撸起衣袖,伸出手臂,还命手下兵士备好酒菜,让医士为他开刀治病。医士小心翼翼地切开关羽手臂上的伤口,只见关羽略略皱了皱眉头,便与众将士谈笑如常,医士见关羽如此坚毅,便放心为其医治,直到将腐肉、毒脓全部清理干净才又为关羽包扎好。

"早听闻关将军乃真英雄,今日一见,果然名不虚传!"医士从未见过如此勇武之人,对关羽由衷敬佩,由此成就了刮骨疗毒的美谈。

第一章　历史上的汉寿亭侯

这位医术高超的医士是华佗吗？还真不是，华佗在建安十三年（208年）便已去世，他与关羽没有任何交集。

华佗（约145—208年），字元化，一名旉，沛国谯县（今安徽亳州）人，东汉末年著名的医学家。华佗与董奉、张仲景并称为"建安三神医"。他少时曾在外游学，四处行医，足迹遍及安徽、河南、山东、江苏等地，他医术全面，尤其擅长外科，精于手术，还精通内科、妇科、儿科、针灸各科。*小贴士*

华佗淡泊名利，他只钻研医术，并不追求仕途。那华佗是死于曹操之手吗？这倒是真的。华佗晚年因遭曹操怀疑，下狱被拷问致死。据说，当时曹操亲自处理国事，得了很重的头痛病，想让华佗为他治疗。但华佗看出曹操的病难以治好，于是便对曹操说："这病在短期之内很难治好，即便是长期治疗也只能勉强延长寿命。"华佗又借口离开家太久想回去，于是说："小人收到一封家书，需要暂时回去一趟。"可令曹操没想到的是，华佗到家之后，又以妻子生病为由，多次请求延长假期而不返。曹操急于治疗头痛病，三番五次写信让华佗回来，又下令郡县征发遣送，华佗都不上路。曹操很生气，便派人去查看，他对派去的人说："如果他妻子真的病了，便赐小豆四千升，准予他在家里陪伴妻子一段时间；如果他说谎，就将其逮捕。"结果派去的人发现，华佗真的撒了谎，于是他们把华佗押解交付许昌监狱，经审讯验实，华佗供认服罪。荀彧向曹操求情说：

"华佗的医术确实高明,早晚用得上,应该宽容他所犯的小错。"但曹操不以为然,说:"不用担忧,难道没有了华佗,天下就没有别人能看病了吗?"最终,华佗在狱中被拷问致死。关于华佗,还有一个传说。据说,华佗临死前,觉得自己一身医术无人传承实在可惜,便将毕生所学著成一卷医书,并将它传给狱吏。华佗对狱吏说:"将此书传给你,切记将它发扬光大,这书可以用来救活人。"但这名狱吏觉得华佗得罪了曹操,他害怕受到牵连,便不敢接受华佗的馈赠。见此情景,华佗只得忍痛将书烧掉了。自此,这位神医的医术便失传了。

《三国演义》则将曹操与华佗的故事进行了更加夸张的演绎,在这个版本的故事中,华佗执意为曹操医治,只因治疗要采取开颅的方式,曹操便怀疑对方要加害自己,因此将华佗杀害了。这便与关羽对华佗的态度形成了鲜明的对比,显得曹操更加多疑、狡诈,关羽则显得更加坦荡了。这样的演绎,不但对曹操不公平,对为关羽刮骨疗毒的那位医士也不公平。这位没有留下名字的医士或许有着并不逊于华佗的医术,却湮没在了历史当中。

第六节 单刀赴会?持刀会商!

关羽将刘备交予自己的荆州各郡守备得万无一失,建安十五年到建安十六年(210—211年),关羽与曹操手下的乐进、文聘等大将在寻口、荆城交战,又与徐晃、满宠等人在汉津交战,有力地抵挡了曹军南下。孙权一直想要收回借给刘备的荆州各郡,那关羽便是绕不过去的一关。见关羽如此勇猛,孙权只能另想他法。

建安十九年(214 年),刘备借刘璋邀请相助的机会拿下了益州。得知刘备在自己的帮助下如此壮大,孙权再也不能放任刘备肆意发展下去,于是,孙权便以刘备既得益州为借口,向刘备讨要荆州的长沙、零陵、桂阳三郡。刘备哪里愿意就这样还给孙权,双方争执不下,孙权便要派吕蒙去攻打刘备。刘备得知吕蒙来袭,派出关羽迎战,并亲自率兵到公安支援。

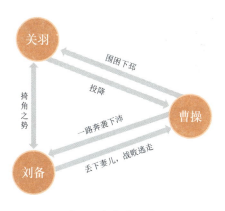

关羽投降背景形势图

此时的关羽,早已声名在外,镇守益阳的鲁肃早就听闻关羽有万夫不敌之勇,便谋划着其他解决办法。鲁肃知道,一方面,刘备既已取得益州,也不会轻易放弃荆州,而关羽在荆州经营多年,已经占尽了优势,东吴此刻若与关羽开战,胜败犹未可知;另一方面,若双方此时决裂,那北方虎视眈眈的曹操极有可能乘虚而入,坐收渔翁之利,三郡此刻归谁问题是小,联盟破裂才是大事。于是,当关羽率军到达益阳时,鲁肃立即向孙权提出了另外的解决办法——谈判,为了维护孙刘联盟大局,鲁肃决定与关羽用和平的方式来解决三郡归属问题。

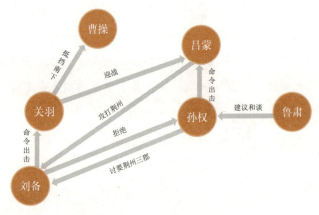

孙、刘、曹势力图

很快,鲁肃派人给关羽送信发出邀请,希望双方在益阳某处谈判,双方各带领少数兵马前往,并在距离所率兵马百步之外处展开谈判,这便是著名的单刀赴会了。在当时,各路军阀混战,相互之间用计无数,贸然发出这样的邀请难免会让人觉得有诈,但鲁肃别无他法,令他意想不到的是,关羽欣然同意了鲁肃的提议。其实,在关羽看来,他并不担心鲁肃设下埋伏,一方面,他对鲁肃的为人早有耳闻,当年正是鲁肃极力促成孙

第一章　历史上的汉寿亭侯

刘联盟，鲁肃态度诚恳，为人正直，目光远大，并不像其他东吴官员一样仇视刘备；另一方面，此时的关羽对自己也有着绝对的自信，他认为鲁肃不敢欺诈自己，即便鲁肃有诈，以他的能力也能够全身而退。第二天，关羽便欣然赴约了。

关羽到达约定地点，四下环顾，只见这里地势开阔，确实不利于埋伏兵马。远远地，他见一小队人已经等在原地，有一人正独自朝他的方向款款而来，关羽见此人身形清瘦，步伐轻盈，不似习武之人。关羽让随行的人留在原地，径自下马，向对方走去。

不承想，关羽的行动引起了对方小小的躁动，因为关羽手中仍然握着刀！

关羽想的不错，鲁肃并没有趁机设下埋伏。一方面，关羽威名赫赫，即使设下埋伏，也不一定能达到目的；另一方面，鲁肃是坚定的孙刘同盟支持者，他不想因为三郡的归属问题而与刘备撕破脸。双方来到相约的陆贾山北坡下的碧津渡，这里既不是鲁肃的驻地也不是关羽的大营，但确实属于东吴势力范围。即便如此，看见关羽带着刀前来，鲁肃还是忧心忡忡。如果双方谈判不成，以关羽之勇，鲁肃便凶多吉少了，鲁肃的随行人员不禁为他捏了一把汗。此前，整个东吴对鲁肃的这一做法也并不支持，在大多数人看来，如果仅凭谈判便可以收复借出去的三郡，那关羽岂不是盛名不负了吗？此刻，鲁肃心中也不免有些担心，但事已至此，只能硬着头皮谈下去了！

鲁肃见到关羽，心中不免一惊，这关羽举手投足间一副大将风范，虽然与所率兵马相隔百步之遥，却仍然气定神闲。

"今日一见，关将军实乃真英雄！荆州三郡，还请关将军还我东吴！"

"既然鲁兄开门见山，那我便也不再废话，这荆州三郡，确实不能还。"

"我此次与关将军会谈，便是要讲明道理的。这三郡乃是我东吴借予你家主公的，岂有不还之礼？若关将军不讲道理，恐怕会叫天下人耻笑。"

关羽并没有被鲁肃激怒，淡定答道："想当初，乌林之役时，我家主公左将军刘备为了与东吴联合抗曹，身先士卒，衣不解带，与前线将士同生共死，立下赫赫战功。收复荆州，自然有我家主公一份功劳，这荆州三郡便不可说是你们东吴的地盘。难道你们硬将我们收复之地说是借予我们的，便不会被天下人耻笑吗？"

"不管当初贵军功劳如何，双方已经议定，这荆州之地就是借给你们暂居的，现在你们已经得了益州，便无再借之理了。我方现在要求你方归还，你方便不能再强占不还。"

此时关羽对眼前的鲁肃也多了几分敬重，毕竟能与自己这样会谈，已经证明了这人胆识过人，且谈判中鲁肃一直据理力争，丝毫没有惧怕自己的样子。

鲁肃见关羽不答，便继续力争说："当今乱世，大丈夫行事当讲求道义，当初刘豫州在长坂坡被曹操打败，正是我们吴主同情你们没有归处，才施以援手，赤壁之战，正是我们双方通力合作才打败了曹操。我们答应借荆州之地,已经体现了最大的诚意。如果你们出尔反尔,不守盟约,我主岂能善罢甘休？"

关羽并不擅长谈判,若不是分属不同阵营,他早被鲁肃劝服了,但关羽知道,自己不能因小失大,当前双方的纷争又怎能单纯站在道义的角度上来解决呢？刘备刚取得益州,尚未站稳脚跟,怎能把根据地拱手让人,即便是站稳脚跟,益州偏僻,不利于向外发展,荆州三郡更是不能随意拱手让人。

见关羽若有所思,鲁肃便继续劝说道:"我听说'贪而弃义,必为祸阶'。你我担负着辅佐自家主公的使命,必然要劝说自家主公做出正确选择,何况你方当前力量弱小,又出师无名,若双方展开争夺,必然难以胜利。"关羽明白,鲁肃此言不假,若因此三郡而与东吴的同盟关系破裂,那刘备必然同时面临曹操、孙权两大强敌。他既不能归还荆州,更不能破坏联盟。关羽面色并无变化,却拿起了自己的刀。

"将军这是要做什么？"鲁肃一惊,脱口问关羽。

可关羽却轻松说道:"这都是国家大事,岂是咱们几句话就能说明白的？"说罢,便拎起武器径直离开了。

鲁肃见关羽离开,想要阻止,可关羽这样一位勇猛的武将,又岂是鲁肃所能阻止得了的？鲁肃只得看着关羽离开的背影叹气。

关羽随后便将和鲁肃会谈的情况写信报告给了远在益州的诸葛亮。

"云长以后切不可如此以身犯险！若那鲁肃有诈,你如今

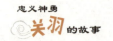

便凶多吉少了!"诸葛亮急忙派人告知关羽不可鲁莽。不单是诸葛亮,关羽的部下也都为关羽捏了一把汗。

"军师与主公放心,那鲁肃怎敢?莫说他鲁肃与我谈判,便是孙权请我,我也敢去!"关羽向刘备和诸葛亮传递的消息显示出了他满满的自信。自关羽跟随刘备后,刘备对他器重有加。关羽自己身经百战,也变得越来越自信了。

刘备与诸葛亮得知东吴诉求,也并无他法,只能让关羽继续找借口拖延归还一事。

鲁肃与关羽的会谈,自然是没有谈出结果,但经过此番试探,双方达成了一种默契,便是同盟暂时不可破坏。

这段单刀赴会的故事,在《三国演义》中被用来表现关羽的智勇双全,但历史上,鲁肃深谋远虑的形象更加光辉,相比关羽,鲁肃的据理力争和忍让更具大局观。

《三国演义》中,鲁肃完全是一个老实人的形象,在诸葛亮和周瑜的光环下显得默默无闻,但其实历史上的鲁肃颇有才智。

鲁肃(172—217年),字子敬,临淮郡东城县(今安徽省滁州市定远县)人,东汉末年杰出的战略家、外交家。

鲁肃出生于士族家庭。他幼年丧父,由祖母抚养长大。鲁肃文武双全,他性格豪爽,喜读书、好骑射。东汉末年,他眼见朝廷昏庸,官吏腐败,社会动荡,便常召集乡里青少年练兵习武。他还仗义疏财，深得乡人敬慕。当时，周瑜为居巢长，因缺粮向鲁肃求助，鲁肃将一仓三千斛粮食慷慨赠给周瑜。从此，二人结为好友，共谋大事。建安五年（200年），在周瑜的引荐下，鲁肃率领部属投奔孙权，为孙权提出鼎足江东的战略规划，因此得到孙权的赏识。建安十三年（208年），曹操率大军南下。孙权部下多主降，而鲁肃与周瑜力排众议，坚决主战。结果，孙刘联军大败曹军于赤壁，从此，奠定了三足鼎立的格局。赤壁大战后，鲁肃常被孙权比作东汉开国元勋之首——邓禹。孙权专门为鲁肃设立赞军校尉一职。周瑜逝世后，孙权采纳周瑜生前建议，令鲁肃代周瑜职务领兵四千，因鲁肃治军有方，军队很快发展到万余人。孙权根据当时政治军事形势需要，又任命鲁肃为汉昌太守，授偏将军；鲁肃随从孙权破皖城后，被授为横江将军，守陆口。但鲁肃的寿命并不长，于建安二十二年（217年）去世，终年四十六岁。鲁肃去世，孙权十分悲痛，还亲自为鲁肃发丧。

和谈没有实质性的结果，双方都无法放松警惕，于是，双方都开始着手进行战前准备，但此时双方又都不希望发生大规模的军事冲突，东吴便又派诸葛瑾来与刘备谈判。诸葛瑾是诸葛亮的兄长，此人也颇有才华，孙权派他到刘备处谈判自然是希望能够利用他与诸葛亮的关系，得到好处，但事与愿违，这次谈判也没有取得更好的成果。

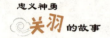

第七节 威震四方

建安二十年（215年），孙权向长沙、零陵、桂阳三郡派遣官员，希望通过这种方式将荆州收回。关羽怎会看不出孙权的意图，待到孙权派来的官员到位时，关羽直接将人赶了回去。就在关羽为自己赶走三名官员而沾沾自喜的时候，却不知一场危机正在袭来。孙权在派遣官员来到荆州的同时，也授意吕蒙做好攻打关羽的准备。吕蒙立即在荆南三郡的边境一带，秘密集结了三万精兵。

说起吕蒙，这也是一位传奇人物。

吕蒙，字子明，豫州汝南郡富陂县（今安徽阜南县东南）人氏。他出身贫苦人家，年少便随姐夫参军，他虽然出身行伍，却十分好学，后被孙权赏识，屡立战功。 小贴士

孙权发现吕蒙不读书，便开导他和军中的另一位将领，说："你们如今都身居要职，掌管国事，应当多读书，使自己不断进步。"吕蒙却推脱说："我也想要读书，但苦于军中事务繁多，便没有读书的时间了。"孙权耐心指出："我难道要你们去钻研经书做博士吗？只不过叫你们多浏览些书，了解历史往事，增加见识罢了。你们说谁的事务能有我这样多呢？我

第一章　历史上的汉寿亭侯

从年轻到现在一直努力读书，总是觉得大有收益。你们二人这样聪慧，学习一定会有收益。应该先读《孙子》《六韬》《左传》《国语》……"听了孙权的教导，吕蒙从此开始学习。鲁肃继周瑜掌管吴军后，上任途中路过吕蒙驻地，吕蒙摆酒款待他。鲁肃并不知道吕蒙的变化，还以为他是曾经那个有勇无谋的武将。但在后来的交谈中，鲁肃发现吕蒙有许多真知灼见，反倒很惊奇，感叹道："我一向认为贤弟只有武略，今日发现贤弟学识出众，确非吴下阿蒙了。"吕蒙道："士别三日，当刮目相看。兄长今日既继任统帅，才识不如周公瑾（周瑜），又与关羽为邻，要更加小心啊。那关羽，虽已年老，却好学不倦，读《左传》朗朗上口，性格耿直有英雄之气，兄长切记要谨慎从事啊！"他还为鲁肃筹划了对抗关羽的方案，鲁肃非常感激。

但关羽并不知晓这些，并没把吕蒙放在眼里。

"报将军，哨兵来报，最近东吴吕蒙正在我荆南边界集结军队。"

"不必在意，孙权要对抗曹操，调兵实属正常。"关羽遵照刘备命令长期与曹操对抗，伺机向北方发展，习惯性地只将曹操当作敌人对待，他认为孙权最大的敌人也是曹操，所以没有重视吕蒙的调兵行为。

"报！关将军，吕蒙带兵向西进入我荆南境内！"

"不必惊慌！静观其变，许是取道我荆南而已。"关羽没想到，这一切都是蓄谋已久的行动，吕蒙早就提出要武力攻打关羽！

建安二十年（215年）夏天，吕蒙率领三万兵马由汉昌郡进攻长沙，直扑长沙郡临湘（今湖南长沙市）。消息传到关羽处，关羽仍然不以为意，毕竟长沙守军实力不弱，当时镇守长沙者，正是深受刘备和诸葛亮器重的廖立。说起这廖立，乃是荆州久负盛名的青年名士，年纪轻轻就声名在外，诸葛亮与刘备都放心将长沙郡交给他。但这一次，诸葛亮和刘备都看走眼了，廖立根本比不上刘备手下一众老将，他没有多少实战经验，平日里夸夸其谈的那些理论此时根本帮不了他，见吕蒙兵马浩浩荡荡而来，廖立望风而逃，快得都没让吕蒙看到他的背影，刘备在益州见到廖立的时候，更是又惊又气！

"报！吕将军，长沙郡内守军皆已逃跑！"

"哈哈哈，果然是天助我也！传令下去，不得轻敌，谨防关羽来袭！"吕蒙并没有被眼前兵不血刃的胜利冲昏头脑，他知道，关羽是不好对付的。就这样，吕蒙十分轻松便得了长沙。战争讲究兵贵神速，吕蒙觉得，此时便是一举拿下荆州的最好时机，他便迅速挥兵沿湘江溯流而上，进攻零陵和桂阳。两地守军无力抵抗，便很快投降。不过一月光景，吕蒙便拿下了三郡。刘备在益州得到消息，当即派诸葛亮留守益州，亲率五万大军回师公安。同时，刘备命令关羽为前锋先行，准备一举夺回荆南。此刻，孙权也做好了与刘备大战的准备，他派鲁肃率兵赶到长沙郡西北部的重镇益阳（今湖南益阳市）抵挡关羽，同时命令吕蒙大军回防长沙，增援鲁肃。

正当双方大战一触即发之时，曹操又有异动，曹操平定关中后又取得了凉州，此刻又将手伸向了汉中。这汉中乃益州北部屏障，曹操若是得手，孙权与刘备都将受到极大威胁，孙刘双方急忙停手。这次，刘备派人与东吴讲和，此次双方约定先以湘水为界，刘备同意割让荆州的长沙、江夏、桂阳三郡给东吴，只占南郡、零陵、武陵三郡，待取得凉州后再研究这三个地方的归属。孙权见亦有所得，便在鲁肃的劝谏之下，同意罢兵。

果然，没了孙权的威胁，刘备终于可以专心致志与曹操周旋，最终夺得汉中，并在汉中称王。当下刘备对跟着自己的一众文武官员论功行赏，封关羽为前将军。除此之外，刘备对关羽还另有安排，他以费诗为特使前往荆州，为关羽举行了专门的封拜仪式，正式授予关羽前将军委任状及印绶。另外，刘备还下了一道命令，让关羽趁汉中取得军事胜利之时，在荆襄一线对曹操发起攻击。

此时，听说孙权欲举兵攻打合肥，关羽立即谋定战略，想要趁双方剑拔弩张之时展开攻势。

关羽接受刘备封赏后，便立即着手准备攻打曹操。他先是以调虎离山之计火速攻取了襄阳。建安二十四年（219年）七月，关羽留下一些兵马戍守江陵、公安后，便率领三万兵马向北进攻樊城去了。关羽这次出兵势如破竹，加之曹操刚刚在汉中失利，很快便败退下来，月底，关羽已经将战线推进到了汉水一线，顺势包围了樊城。

此时，镇守襄阳和樊城一带的曹军主将是大将曹仁。曹仁是曹操的堂弟，自从跟随曹操以来，破袁术、攻陶谦、擒吕布、

败刘备,参加官渡之战,为曹操立下汗马功劳,他实战经验丰富,眼见关羽来攻,便悉心准备防线。为了避敌主力,他将防御中心从汉水之南的襄阳移至汉水北岸的樊城。一切准备就绪,只等关羽上门。此时,曹操又派大将于禁、庞德两人率领部队到樊城增援曹仁,屯兵樊城北侧与曹仁相互呼应,确保樊城万无一失。

关羽得知城内守军数量众多,便直接将樊城团团围住,等待战机。当时正值夏季,长江流域本就多雨,很快,大雨就为关羽带来了他期待已久的战机。关羽这边刚刚对樊城形成包围之势,樊城就下起了大雨。城内,曹仁见雨势越来越大,只得龟缩不出。没想到,这雨一下就是十几天,很快,洪水冲破樊城堤坝,将城内一应设施全部冲毁,曹军此刻外有敌军,内有洪水,无处可逃,一时间哀号四起,曹仁此刻再无精力对付关羽。

最先抵挡不住的却是曹操派来增援的于禁七军,由于物资全部被洪水冲走,于禁所率各部早已无心战事,由于水势太大,将士、战马也损失惨重。见于禁寨中此景,关羽顺势命手下将士驾船攻击。此时,狼狈不堪的曹军见到关羽所率军队驾船排浪而来,犹如天兵天将一般,哪里还有反抗之力,便直接登船投降,以求保命。于禁眼见手下将士如此,便知再无反抗之可能,也只得投降。

关羽抓住了于禁,即刻转头攻击庞德。尽管庞德寻得一处高地,得以保住自身及千余士兵,但也仅能暂时负隅顽抗,被关羽攻下也是迟早的事。庞德命手下士兵以弓箭拼死抵抗,一时间，关羽竟然也无法靠近。但庞德与关羽都知道，弓箭早晚有用尽的时刻，待到庞德手中再无弓箭，便不得不投降了。可是，待庞德等人箭矢用尽，关羽的军队欲将其生擒之时，庞德竟然跳上一艘小船，朝着樊城方向逃去。只见庞德跳上小船，却因船小浪大而跌入水中，关羽部下一拥而上，将其擒获。

"庞德！见到关将军还不下跪！"庞德被关羽手下众兵士押至关羽面前，庞德却仍然坚持不跪。

"要杀便杀，不必多言！我庞德怎能跪敌将！"庞德大义凛然，即便见到关羽也丝毫不显半分惧色。

"你那旧主马超已被我家汉中王封为左将军，你何不弃暗投明？"关羽见庞德如此刚毅，也生出怜惜之情来，希望劝得他投降，以留他性命。这庞德正是马超旧部，马超投降刘备后，他便追随汉中张鲁，张鲁兵败后追随曹操。

"想当初，你投降曹丞相时，丞相待你不薄，如今你却劝我背叛丞相？"庞德仍然不为关羽所动。

"当真不降？"关羽此刻也没有更多时间与之纠缠。

"要杀便杀！"

"斩！"关羽见庞德如此，便也不再多言，只可惜一条硬汉就此殒命。

接下来，进攻却并不顺利，曹仁率余部仍然拼死抵抗。关羽于洪水中率兵攻打樊城也并不容易。

此时，汉水水势已经十分浩大，樊城眼看要被洪水淹没。眼看着关羽的船队在樊城外围巡视，樊城守将曹仁寝食难安。

"将军,此刻若乘小船离开,或许还有机会逃离此地!"在此危急时刻,曹仁手下力劝曹仁弃城逃走。

"慎言!怎可在此时动摇军心!"汝南太守满宠坚决反对弃城逃跑。

"此时洪水势大,但不假时日,水势必然退去,若此时我们急着逃走,便是将樊城拱手让给关羽,那黄河以南的大片土地,将不复归我们所有了!他日若想回到此地,更是难于登天!何去何从,曹将军还请慎重!"

曹仁深知满宠所言极是,若丢掉樊城,那许县便岌岌可危了!

"不可再轻言弃城之事,为今之计,只有与樊城共存亡!"关键时刻,曹仁拿定主意,要誓死保城。

为了能够尽快使洪水退去,曹仁率手下众将举行了祭奠仪式,他特地寻来一匹白马,将此马斩杀沉入江中。

曹仁为何要斩杀白马呢?这是因为,斩杀白马是一种神圣的祭祀仪式。

马在古代对于国家的重要性仅次于牛,而且比牛更加稀有,是身份的象征。并且,古人认为马是龙在地上的化身,白马属阳,为天神所驱使,青牛为阴,为地神所享用。因此,斩白马是用来祭天的。古代订立比较重要的契约时也会斩杀白马,就是担心这个誓言会轻易被违背,所以借助神明的力量来增加誓言的分量。 *小贴士*

第一章　历史上的汉寿亭侯

"杀马为盟"对于古人来说，是一个庄重的仪式。我国历史上比较著名、影响深远的"杀马为盟"有两次。

第一次便是"白马之盟"。顾名思义，这次盟誓的主要形式就是斩白马，这也是有记载最早的一次杀马为盟。刘邦在夺取天下后，消灭韩信、彭越、英布等当年帮他一起打天下的异姓王，以稳固刘氏江山。然而异姓王被铲除后，刘邦强势的妻子吕后却成为他又一个担心的隐患，他总是怕自己百年后，刘氏江山会被吕氏家族所取代。公元前 195 年冬，在距离刘邦去世不到一个月的时候，自知大限将至的刘邦带着群臣到太庙立遗嘱。他命人牵来一匹通体白色、没有一丝杂毛的骏马。他当着所有人的面，将白马杀死，然后起誓说："从今往后，没有功劳的人不能封侯，不姓刘的人不能封王。非刘氏而封王者，天下人共击之。"刘邦死后，吕氏家族果然掌控了朝政大权。后来陈平、周勃等老臣以吕氏家族违背"白马之盟"为由，平定了诸吕之乱，确保江山重归刘氏。

第二次是"渭水之盟"。武德九年（626 年）八月，就在李世民发动玄武门之变后不久，突厥汗国趁乱对唐帝国发动了进攻，突厥军队一度到达距离都城长安不到四十里的泾阳，整个京城为之震动。唐太宗李世民亲率唐军直奔泾阳迎敌。突厥军队已经到了渭水北岸，与唐朝军队只隔着一条渭水。但望着对岸的李世民和他身后身经百战的将领们，突厥人还是深感恐惧。他们既不敢正面进攻，又不想轻易撤退。在僵持两天后，双方终于达成共识，唐太宗与突厥可汗在渭水的便桥上杀白马

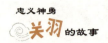

订立盟约，互不侵犯，这就是著名的"渭水之盟"。渭水之盟避免了唐朝在不利条件下的作战，稳定了大唐的局势，同时也为大唐发展经济、积蓄力量赢得了时间。自此，唐朝与突厥的强弱变化发生了重要的转折。

此刻，关羽一面围攻樊城，一面遣将南围襄阳。曹操派往荆州的刺史胡修、南乡太守傅方均已投降关羽，在北方洛阳南面的梁县、郏县、陆浑县（分别在今河南省汝州市、河南郏县、河南嵩县）等地，陆浑人、孙狼等亦杀县主簿起兵响应，一时间，关羽声势威震四方，达到了前所未有的高度。

第八节　白衣渡江

此时，曹操见樊城危急，甚至一度想把都城从许县迁到黄河以北，以躲避关羽兵锋。

"不如先请丞相迁都吧！"曹操营内有官员向曹操提议。而此时，曹操正踌躇不定。

"如今这局势看来，樊城可还有救？各位有何高见？"曹操将目光扫向众人。

"依臣所见，樊城尚且有救！"说出此话的，正是曹操的手下司马懿。

"先生细细说来！"

"依我所见，此战樊城之失，并不全赖关羽勇猛。先前于禁被俘，实为大水突至，并非因为关羽攻势凶猛。"

"先生所言极是，那要怎样解樊城之围？"

"樊城之围，关键还在樊城之外。主公您想，若樊城落入关羽手中，除了我们，谁会着急？"

"这……莫非先生所指是东吴孙权？"

"正是那孙权！"

"如今，刘备和孙权虽然已经结盟，但实则矛盾重重，双方因荆州之事早已貌合神离，当下若是关羽再得樊城，孙权必然不忿。当下，我们可以遣人到孙权处斡旋，请他派兵在关羽后方行动。樊城之围就可以解除了。"

"先生所言甚是，只是孙权如何能听我差遣？"

"那孙权一直以来便对江南虎视眈眈，我们许诺他江南之地便可。"

曹操听了司马懿的话，便派徐晃增援樊城，又命人向曹仁飞箭传书，告知其援军已到，以振樊城曹军气势。

此时，孙权正密切关注着关羽与曹仁双方的动向，眼见关羽所向披靡，曹仁招架不住。孙权确实如司马懿所想，担心刘备因此实力大增，危及自身。见曹操使者前来，东吴上下便不似从前那般同仇敌忾了，甚至大多数人都倾向于此时与曹操联合。更何况，此番曹操做出承诺，若此次能够解了樊城之围，将把长江以南的地方分封给孙权，孙权便不再多想，同意了使者的要求。

"主公，末将愿领兵前往！"说话的正是吕蒙，他可以说是孙权手下最早主张与关羽对抗的将领，他也算与关羽有过交锋。在对待刘备强占荆州这件事上，吕蒙与鲁肃观点一向相左，他与周瑜一样，主张消灭刘备。这正合孙权转向西面吞掉刘备势力之意。而此时，一向主张与刘备交好的主将鲁肃已经因病去世了，东吴内部对刘备的看法出奇一致。孙权一向器重吕蒙，将这一任务交于吕蒙，也多了一成胜算。

"好！那便劳烦吕将军前往，切记不可急躁，那关羽勇猛无比，吕将军若无万全之策不可轻举妄动！"虽然此次出兵正是在关羽与曹仁难解难分之际，但孙权仍然心有余悸，那关羽智勇双全，而今声震四方，若被他赢得喘息之机，定会转头对付自己。况且，那曹操也极其狡猾，此次出兵定要慎而又慎。但如今又是一举消灭关羽的最佳时机，机不可失……

"主公放心，蒙自当小心行事！"吕蒙是孙权一手提拔起来的，他对孙权可谓忠心耿耿，跟着孙权南征北战时间久了，他更明白此刻孙权心中所想。吕蒙此去，还有另一个原因，与关羽一样，吕蒙在荆州也筹谋已久，他暗中布置的兵马至今未引起关羽警觉，此番出战，定有出敌不意之效。

东吴战略既定，便回复曹操使者："此事还须秘密进行，若关羽察觉，定然有所准备。"

"还请吴主放心，此事我方定当慎重保密。"此事真的会保密吗？使者自己也不敢保证，但若不这样说，东吴又怎会轻易撕毁与刘备的盟约呢？

此刻，樊城外，关羽正观察曹军动静。

"但愿老天助我,一举拿下曹仁!"关羽忍不住喃喃自语。

"报!关将军,那樊城内,曹军突然士气大振,喊杀声大作!"

"那曹仁已是困兽之斗,密切关注动向,随时来报!"此刻关羽虽然也为樊城久攻不下而有些急躁,但他仍然对消灭曹仁信心满满。那些投降他的官员早已将城中情况告知他,拿下樊城,只是时间问题。但关羽也明白,攻城的时间绝对不能再拖了。十月,关羽便收容了数以万计的曹魏降兵,如今樊城久攻不下,已经出现军粮严重不足的问题。为了渡过难关,关羽甚至派人抢夺了孙权贮存在湘水边关仓库的大批稻米充作军粮。

樊城内大致情景确如关羽所料,他不知道的是,此刻曹仁突然士气大振是接到了曹操的消息。曹操知道这樊城关系重大,如若失守则会撼动自己的根本,绝对不能轻易放弃。使者从东吴返回后,曹操的心情终于稍微放松了一些,早早派人将与东吴联合的消息告知曹仁。

"丞相,那东吴要求我们对双方联手之事保密。"

"哦?说来也该……"

"丞相,此事还应从长计议!"此时说话的乃是谋士董昭。

"此话怎讲?"

"我们可以答应东吴对此事保密,但要将此事泄露给关羽才是。"曹操略微沉吟了片刻。

"若是不允东吴,恐怕那孙仲谋不会出兵。可若是真的保

密,那孙仲谋便真的要坐收渔利了!此事必得泄露给关羽,孙刘联盟才能彻底破裂!"

"如此就将我们谋划之事告知关羽,岂不是让他有所防备?"

"无妨,丞相试想,若那关羽相信我与孙权联手,则可即刻退兵,樊城之围当下便解。若他不信,那定要让他有来无回!"

"好!先生此计妙甚!"听了董昭的解释,曹操手下官员无不赞同此计。

于是,曹操从洛阳南下,亲自到摩陂(今河南郏县东南)督战,他派来的大将徐晃率领军十余人迅速前往樊城。

"报!将军,截获曹军箭书一封!"关羽手下将一封绑在箭矢上的书信呈送给了关羽。

关羽看罢,将书信交于手下官员传阅。那箭书却不是曹军相互联系的书信,而是孙权写给部下的书信。箭书上,正是孙权告知吕蒙从后方偷袭关羽的内容。

"众位有何高见?"

"那孙仲谋觊觎荆州已久,将军不得不防!"

"那曹操向来狡诈,此时传出的消息,将军不可轻信!"

"曹仁部当前士气无端高涨,恐怕便是因此事而起……"关羽麾下,众人议论纷纷,皆劝关羽小心应对,可众人也不知这消息是真是假。

"不如,我们先行撤兵……"

"各位!撤兵之事不可妄言!"关羽不等手下说完,便打断了他们的议论。

"各位难道看不出这是曹贼的奸计吗？"关羽环视众人，手捻胡须沉声说道。

"那孙仲谋亲自率兵攻打合肥之时，险些命丧张辽之手，双方酣战一年有余，损失惨重，如今没有几天的光景，孙权怎会与那曹贼合谋？如今我军攻破樊城在即，仅因这一封书信便退兵，岂不是正中那曹贼下怀！"

"将军！当前我军被曹仁牵制于此时日已久，大军疲惫不堪，切不可放松警惕啊！"

"这樊城已经是我囊中之物，待我拿下樊城，便去亲自问问孙权如何？"关羽此话一出，众人便不再多言了。

"报！将军，陆逊送来书信！"未几，哨兵便又来报。

"说了什么？"关羽此时，连亲自看信的耐心都没有了。

"陆逊说，吕蒙病重，他将代替吕蒙驻守三郡，久闻将军威名，联合抗曹之事，还要仰仗将军……"

"哈哈哈，你们看见了没有？那东吴怎敢在此时与我为敌？"关羽此刻，既是笃定孙权不敢攻打自己，亦是对攻破曹仁有十足的把握。

"报！将军，江上有异动！"哨兵向关羽报告，发现几天以来江上有可疑船只往来的情况。

"何事如此惊慌？"

"探子发现，有商船逆流而上！"

"哦？我去看看！"

关羽登上战船,向下游方向极目远眺,只见江上确实出现了船队,但仔细观察,并非战船。只见那船队规模并不大,船上装载的东西都被覆盖住,应该是运输的货物,船上的人员身着普通衣服,一副商旅打扮。

"不必惊慌,此乃商船而已。盯紧曹仁!此等小事不必再来报我!"

"可……近来商船往来太过频繁……恐怕有诈……"

"切莫多言,战事要紧!"

关羽并没将此时出现的诡异船队放在眼中,殊不知,这正是吕蒙计谋。

此时江上的船只,哪里是什么商船,正是吕蒙所率军队。为了能给关羽以出其不意的打击,吕蒙特意将三万精兵分为若干批,分散渡江。他们日夜兼程,行动迅速,船只过寻阳(今湖北武穴市东)来到荆州东界时,吕蒙怕引起关羽怀疑,便命令多余战士全部躲入船舱,舱面只留下少数水手,掩人耳目。就这样,三万精兵神不知鬼不觉地在关羽眼皮子底下进入了南郡,这便是"白衣渡江"了。

"白衣渡江"中的"白衣"是怎么回事呢?《三国演义》中写道,船上的人穿着商人喜欢穿的白色衣服作为伪装,希望掩人耳目。但事实上不是这样的。三国时期的商人没有穿白衣的习惯,而且即使当时的商人喜穿白衣,也只在夏秋炎热季节才穿,不可能终年都穿,而吕蒙偷袭荆州是在建安二十四年(219年)阴历十一月,这时已是隆冬季节,断无穿白布单衣之理。

另外，尤其重要的是，白衣是丧服的颜色，在作战中也不利于隐蔽，吕蒙这次行动中，将士兵藏于船舱中就是为了掩人耳目，躲过荆州哨兵的侦察，如果让多人身穿白衣摇橹急行，极易暴露目标。所以这里的"白衣"，并非白色衣服，而是指平民所穿的衣服。当时，平民的衣服上没有装饰，或者装饰也极为简单，人们便把平民称为"白衣"。

古代常说"白屋出公卿"，这里的"白"是没有修饰、空空如也的意思。"白衣渡江"中的"白衣"是指平民所穿的衣服。"白衣渡江"就是把所有的战船都改装成商船，让大多数兵士躲在船舱里，只留少数士兵穿着平民服装驾船，避免引起别人的注意，达到偷袭的目的。 小贴士

只是关羽没有料到，正是这些不起眼的商船，给自己带来了致命的打击。吕蒙也没想到，关羽竟然如此轻易就上当了。

第九节　痛失荆州

"刘封、孟达援军可曾到达？"关羽久攻樊城不下，兵力渐感不足，便向驻守上庸（今湖北竹山县）的刘封、孟达送去消息，要求增援。

"禀将军，已派人多次送信，刘将军称上庸三郡新占不久，

难以抽派兵力增援……"

"这刘封是何居心？！"此刻，关羽愈发没有了起初的自信，那曹仁负隅顽抗，己方优势渐无，却无人来增援自己，情况越来越危急。这孟达本是刘表手下降将，他与关羽素来并不亲厚，他不来救援关羽并不奇怪。早前，刘备也曾担心孟达不忠，便留下刘封牵制孟达。可如今，刘封竟然也不愿出兵救援关羽，这让关羽深感不满。这刘封是谁呢？这刘封乃是刘备养子！

刘封（？—220年），长沙（今湖南湘阴）人，东汉末年将领，刘备养子，深受刘备信任。

刘封本是罗侯寇氏之子、长沙郡刘姓人家（《三国演义》作刘泌）的外甥。刘备投靠荆州刺史刘表后，暂时安居于荆州，因为当时刘备未有子嗣，于是收刘封为养子。建安十六年（211年），刘备受刘璋之邀入蜀抵御张鲁。刘备北驻葭萌，后与刘璋决裂，于是召诸葛亮等入蜀。刘封当年只有二十多岁，但已武力过人，于是率军随同诸葛亮、张飞、赵云等溯流西上进攻益州，所过之地战无不克，颇有战功。益州平定后，刘备任命刘封为副军中郎将。建安二十三年（218年），刘封跟随刘备北攻汉中，曹操率领大军来援，刘备栖于山头，派刘封向曹操挑战，曹操大骂说："卖鞋的小子，只会叫你的假儿子来挡你家太公吗！等我叫我家长黄胡子的真儿子来打你。"于是曹操派人召曹彰来与刘封对敌，但曹彰未到，曹操已经撤军。建安二十四年（219年），刘备占领汉中全境，另外又派遣宜都太守孟达率军攻占了房陵郡。其后，孟达又挥军进攻上庸郡，刘备暗地里担心孟达不够忠诚，于是遣刘封从汉中顺沔水南下去统领孟达的军队，刘封与孟达在上庸合兵一处后成功地逼降了上庸太守申耽。占领上庸后，刘封被刘备封为副军将军。

"将军，不管刘封居心何在，若无救兵，宜速速退兵啊！"关羽不知道为何刘封见死不救。此时，刘封又做了另一件蠢事。他因孟达是降将而处处针对孟达，孟达一忍再忍，敢怒不敢言。这一次，他又夺取了孟达演奏鼓乐的乐队，致使孟达生出反心。孟达一方面害怕刘备治罪，另一方面又对刘封十分愤恨，于是修书一封给刘备，然后率领部曲投降曹魏了。后来，孟达与徐晃共袭刘封，并劝刘封投降，刘封不降，又遭部下叛变，只得败归成都。

"樊城近在咫尺，难道我要功败垂成？"关羽又怎不知情况危急，但若就此罢兵，他又十分不甘，只盼着能有一丝转机帮自己破局。

"可曾收到主公命令？"关羽又转头向身旁人询问。

"禀将军，还不曾……"回话的兵士声音渐弱，关羽忍不住轻叹一口气，当下，诸葛亮等人都与刘备同在益州，自己围困襄阳、樊城数日，想不到却陷入孤立无援、进退两难的境地。

吕蒙部下进入南郡后，便开始了暗中活动。按照吕蒙的吩咐，东吴军队抓捕了关羽在南郡设置的所有江边屯候（哨兵），这导致关羽对东吴的动向毫无察觉。紧接着，他们在民间开启

了秘密宣传。关羽麾下,大多数是本地官兵,吕蒙部下便在百姓中散播消息,许诺已经出征的将士家属,如果投降东吴,便不会杀掉他们,还会保护他们的财物,若有困难者,还有帮扶措施,疾病者给医药,饥寒者赐衣粮。不知不觉间,关羽在荆州十几年的经营,便被东吴瓦解殆尽。

吕蒙所图,乃是一举歼灭关羽,仅仅瓦解群众基础是不够的,吕蒙又挖空心思在关羽的队伍中找到了弱点。荆州南郡境内的长江防务重点是公安和江陵,分别由关羽的部将傅士仁和糜芳镇守。而傅士仁、糜芳二将都对关羽心怀不满。这傅士仁与糜芳二将皆是刘备所提拔之人,在关羽麾下却不受重视。战事吃紧时,关羽命二人征集军粮物资,二人因时间短、任务重而没有达到关羽的要求,关羽一怒之下责罚了二人,导致他们怀恨在心。吕蒙了解到情况后,命令与傅士仁是旧相识的手下骑都尉虞翻给傅士仁写信劝降,傅士仁竟毫不犹豫背叛了关羽。

"糜将军,依你所见,此次关羽可还有胜算?"傅士仁鬼鬼祟祟找到同样对关羽有所不满的糜芳,想要一探口风。这糜芳乃是刘备糜夫人的弟弟,虽为刘备内弟,却不曾受到关羽半分优待,这让他十分不满。

"若是能一鼓作气,拿下樊城便不在话下,但若还是这样孤立无援,抑或横生枝节,便难免会兵败如山倒。"

"糜将军,那依你之见,你我二人会有何结果?"

"傅将军此话怎讲?还请明示。"糜芳此刻已经听出了傅士仁的弦外之音。

"这关羽气量狭小,若此次顺利攻下樊城,他可会封赏你我二人?"

"莫说封赏,他能不追究你我之失便是网开一面了。"

"若他拿不下樊城呢?"

"那你我二人便会首当其冲受到惩处!若不早做打算,性命危矣!"

"糜将军,我今日便是来与你早做打算的。当前,东吴大军已默默潜入南郡,只要你我二人弃暗投明,助吕蒙将军击败关羽,便是头功一件!东吴帐中散骑都尉虞翻已经与我取得联系,书信在此,将军且看。"

那糜芳本就不是忠贞之人,听傅士仁这样一说,便急不可耐地与之同流合污了,这给关羽埋下了巨大隐患。

"报!关将军!大事不妙!城外突现大批曹军!"

"你可看得真切?"关羽简直不敢相信自己的耳朵,如此一来,剿灭曹仁便更加不容易了。

"传令下去,令后方军队全数奔赴前线,全力攻城!胜败便在此一举了!"

"将军,不可,万一此时东吴来攻,后方岂不无人防守?"起初,关羽对东吴很是戒备,他一向不信任孙权,在向樊城出兵之后,便在公安和江陵部署了大量兵力,还筑造了烽火台,以防备东吴来袭。可当下,已顾不得后方了。

"陆逊那书生此刻怎敢来攻我后方!传我命令,切勿多言!"

吕蒙等的便是这一刻了。眼见曹操大兵压境,关羽只得孤注一掷,将全数兵马压到前线去,后方便空虚起来,这便是东吴坐收渔利的最好时机了。吕蒙命大军突然从关羽后方发起攻击,傅士仁、糜芳二将迅速倒戈,亦将矛头指向关羽。

"报!将军,南郡突现吕蒙大军,此刻已经攻占南郡大半土地了!"

"速速传令糜芳、傅士仁,拼死抵抗!"

"那糜芳、傅士仁二将已经投降吕蒙,正带领东吴军队向我方进攻……"

此时,关羽只觉得天旋地转,再无转圜余地了。在糜芳、傅士仁的里应外合之下,吕蒙在十余日内,兵不血刃就夺得南郡。吕蒙一得手,便向孙权发出信号,孙权立即率后援大军抵达江陵。荆州大小官员见此情形,纷纷改换门庭,投降孙权。

前方,徐晃大军压境,曹仁气势大涨,攻势又猛烈了几分。在襄阳、樊城一带浴血奋战已达四月之久的关羽军队,听说后方已失,无处可归,顿时人心动荡,士兵不断逃亡。

"撤兵!"昔日威风八面的关将军,这时也只好收合余众撤兵了,经过几个月的战斗,关羽手下士兵竟然已经不剩几人,关羽带着儿子关平与这十几个忠诚之士一路溃逃。

"父亲,我们该逃往何处?"关平这样一问,关羽一时竟无法回答,是啊,逃到何处?前有曹仁、徐晃,后有吕蒙,上庸刘封见死不救,东有孙权虎视眈眈,天下之大,竟然容不下关羽一人。

"报！关羽率残兵溃逃了！是否乘胜追击，缉拿关羽？"曹仁手下众人此刻终于得以喘息，都恨不得立刻抓住关羽，除之而后快。

"关羽此番几乎置我于死地，定要让他拿命来还！"曹仁也恨得咬牙切齿，恨不得当即要了关羽性命！

"且慢！将军三思！"参军赵俨此时却阻止了曹仁。

"将军！且容下属多说几句。此番我们得救，丞相派来徐晃将军相助自是其一，可若无东吴配合，今日之形势如何则尚未可知。那孙仲谋此前与我方已经势如水火，今日尚且能联手攻打关羽，他日若与我们翻脸，也不是不可能。如今若能留得关羽一条性命，他日必可牵制东吴与我为敌呀！"

"如此说来，也不无道理。传令下去，令先头部队佯装追击，只将那关羽赶走便是，切记留关羽性命！"曹仁最终采纳了参军赵俨的建议，不追击关羽。

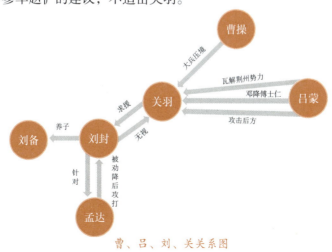

曹、吕、刘、关关系图

"什么？云长兵败？荆州失守？"刘备听闻关羽兵败的消息，气得捶胸顿足，但此时，一切都晚了。刘备远在益州，也无法知晓关羽的踪迹，只盼着他能速速逃回益州，一切再从长计议。

第十节　麦城遗恨

关羽历尽千辛万苦逃出南郡时，已是隆冬时节。地冻天寒，朔风怒吼，关羽率少数亲兵，突围而出，沿着漳水直奔荆山深处，企图越过荆山逃回益州。但孙权派陆逊攻取了宜都，并占领秭归、枝江、夷道等地。这样一来，关羽退往益州的归路就被完全堵死了。关羽只能慌不择路，逃到江陵西北一百里处的麦城。麦城不过是一个小村落，在追兵堵截之下，此处也不是久居之所。

但关羽只得在此处等待机会突围。

"父亲，近日以来，已经有越来越多兵士逃亡了！是不是应该将逃兵抓住以正军法？"关平看着满脸沧桑的关羽，虽然不想让他难过，却也不得不如实相告。

"罢了罢了，他们皆为当地子弟，如今家中妻儿尚在，若不逃亡，跟着我便是一死。如今吕蒙愿厚待他们，便随他们去吧。"关羽此时，并不想因为自己的失败而迁怒他人，何况这些士兵随他出生入死过。荆州经营十余载，他最看重的便是自己的这些士兵，如今穷途末路，若能逃出生天也是他所乐意见到的结果。

"传我命令，若有不愿随我突围的，尽可以自行散去，若有愿意追随到底的，我关云长来日归汉，必有重赏。"

"吾等愿誓死追随将军！"关羽身边，除了关平，另有十几人一直追随关羽，不管吕蒙等人放出怎样的消息，他们都不为所动。在他们看来，若能与关羽同生共死，也是莫大的荣幸。但随着关羽一路逃亡，这些人也渐渐消耗殆尽。关羽心里还是有一丝侥幸，他也观察着吕蒙等人的动向，在他心里，始终不愿相信东吴众人欲置他于死地。

此时已是隆冬时节，关羽带领众人躲在麦城林中，前有强敌，后有追兵，经常是饥寒交迫，难以为继。关羽深知，如此下去，他便再也不能逃去益州见刘备了。眼看情势危急，关羽愁容满面，夜不能寐，自他从家乡逃亡，遇到刘备，还从未有过如此狼狈的时候，难道，此处便是自己的终点了吗？不行！一定要想方设法突围！关羽从来就不是认输之人，即使身处绝境，也不能认输！

终于，在麦城被围困月余之后，关羽决定带领跟随他的这些死忠之士突围出去。

"将士们！随我向西冲杀！此行若是能杀出重围，我们今后有福同享！若是不能，那我们便共赴黄泉！"随着关羽一声令下，十数骑兵倾巢而出，向西突围，一路之上，气势如虹，所向披靡！

"报！将军，发现关羽踪迹！关羽带领十数骑兵意欲向西奔逃！"

"好！全部军队立即往关羽处集结！务必活捉关羽！"吕蒙一声令下，东吴军队尽数赶往堵截。

关羽向西逃了数十里，却发现这东吴士兵越聚越多，杀也杀不完，砍也砍不净，越来越多吴兵如潮水般向自己涌来！他的马早已遍体鳞伤，他挥舞大刀的手臂也早已失去知觉，只觉得只要还剩一口气，便要不停砍杀敌人！

突然间，他胯下的战马轰然倒地，也不知是伤势过重还是早已失去斗志，关羽眼前一片混乱，便被一拥而上的吴兵擒住了！

"报！将军，关羽被擒！现已押往大帐！"关羽父子被捉后，被火速押往吕蒙在临沮的大营。

"好！好！好！"吕蒙此时已经被胜利冲昏了头脑，除了"好"字，竟再也说不出别的话来。

"将关羽押上来！"吕蒙此时见到的关羽，已经没有了往日的威武模样，只见关羽浑身上下满是污垢，蓬头垢面，但眼神仍然坚毅。

"关将军！今日在此相见还真是不容易啊！"关羽并不与吕蒙答话，甚至都没有看吕蒙一眼。

"关云长，今日你若向我东吴投降，我自会饶你一命。"

"哈哈哈，要杀便杀吧，今日我落入你手，一切悉听尊便。"关羽不想再多说什么，仰天大笑后便闭了双眼。

第一章 历史上的汉寿亭侯

"将军,斩杀关云长一事是否上报主公再做定夺?"旁人提醒吕蒙道。

"区区关羽,他若不降,主公留他何用?"

事实上,得知吕蒙抓住了关羽,孙权已经派陆逊前往阻止吕蒙杀关羽了。但吕蒙此刻立功心切,他深知关羽不会轻易投降,便直接下令杀死关羽、关平父子,可这也彻底打乱了孙权的计划。一方面,孙权知道刘备素来对关羽格外亲厚,视之如手足,杀了关羽,刘备定会不惜一切代价前来报仇。一旦刘备前来攻打东吴,东吴将会面临重大挑战。另一方面,他不想轻易破坏当前三方鼎立的态势。如果关羽活着,便是抗击曹操的重要力量。吴主孙权与汉中王刘备、魏王曹操与汉中王刘备间分别缔结了盟约,蜀、魏进行战争,双方都会受损,孙权便可乘机壮大自己,坐收渔利。但吕蒙杀害关羽,这一切便都无从谈起了。

"传我命令,将关羽、关平二人就地斩杀!"对吕蒙而言,打败关羽是他一生最重要的功绩,关羽在当时所向披靡,难逢敌手,谁能除掉关羽,必将扬名四海。但吕蒙没有想过,这样的胜利也预示着他的生命即将走向终点。

江陵一战,吕蒙立功至伟,孙权为封赏他,特任命他为南郡太守,封孱陵侯,赐钱一亿,黄金五百斤。吕蒙推辞再三,不肯接受金钱,但孙权不许,执意封赏他。只是孙权封爵的命令还未颁布,吕蒙便疾病发作了。孙权当时在公安,就把吕蒙接来安置在内殿,遍寻名医为吕蒙医治。每当孙权见到医者给

吕蒙针灸时吕蒙的痛苦模样就为之难过。孙权怕吕蒙时日无多，便想多看看吕蒙，但又怕他太过劳碌，于是命人凿通墙壁暗中观察。如发现吕蒙吃下点东西，孙权就高兴，对手下人有说有笑；如发现吕蒙不进饮食，孙权就长吁短叹，夜不能寐。吕蒙病情略有好转，孙权特意下达赦令，让群臣都来庆贺。吕蒙病情加重，孙权亲自到床前探视，命道士为他祈祷。但吕蒙的病情始终不见好转，孙权知道，东吴又要失去一个人才了。孙权于是问吕蒙："假如你不能再为东吴效力，谁可以代替你镇守江陵呢？"吕蒙也知道自己命不久矣，便向孙权推荐了自己认为能够胜任的人选："朱然胆略、守业都充足有余，我认为他可以代替我为主公尽忠。"

不久后，吕蒙便在孙权的内殿中去世，死时不过四十二岁。孙权悲痛万分，缩食减眠以示哀悼。吕蒙生前所得的金银财宝和各种赏赐都交到府库中收藏。吕蒙生前命令待其死后，要把这些全部还给朝廷。他还留下遗言，丧事务求俭，不得奢侈。孙权知后，愈加悲伤，为了表示对吕蒙的重视，孙权令吕蒙之子吕霸袭爵，并赐给他守家墓的人家三百户，免收田赋的田地五十顷。

吕蒙的结局都是后话，此时，孙权正为了关羽之死左右为难。为了能够以关羽之死挑起蜀汉与曹魏的矛盾，孙权派人将关羽首级送至洛阳曹操手中。曹操见到关羽首级，不禁悲从中来，曾经关羽为自己斩颜良的英姿还历历在目，如今已经物是人非了，曹操便以诸侯之礼将关羽首级葬于洛阳南郊。

益州，得知关羽被杀，六十岁的汉中王刘备当即痛哭失声，紧接着便与众人商议兴兵复仇之事。正当此时，曹操在洛阳病逝，曹丕继位为魏王，刘备深知，不能同时与曹魏和东吴两家开战，于是，为了缓和与曹魏的关系，刘备强忍悲痛，遣使者给曹丕送去吊唁书信和蜀锦之类的丰厚慰问品，希望借机稳住北境，好腾出手来进攻东吴。不料使臣韩冉自认为此行是前往素来敌对之国，恐怕凶多吉少，所以经汉中抵上庸之后，就称病不前。缓和之事就此搁置下来。这上庸郡和曹魏控制下的荆州南阳郡（今河南南阳市）相邻，此后汉中以东的上庸、房陵、西城一带便成了曹魏的地盘。

刘封狼狈逃回成都，刘备因其不救关羽又失上庸而怪罪于他，下令赐死了刘封，算是暂时找到了为关羽之死负责的人选。

只是，天下再无关云长了，各方局势也因关羽之死发生了巨大变化。

荆州这场战役之后，东吴虽然夺取了荆州，杀死了关羽，但与刘备彻底决裂。公元 221 年，刘备在四川成都称帝，建立蜀汉政权，随即率倾国之兵，沿江东下伐吴，吴蜀之战爆发。但蜀汉内部对于这场战争都颇有微词，赵云曾劝诫刘备说："国贼乃曹操，非孙权也。今曹丕篡汉，神人共怒。陛下可早图关中，居渭河上流以讨凶逆，则关中义士必裹粮策马以迎王师；若舍魏以伐吴，兵势一交，岂能骤解？"赵云劝诫刘备的主要依据是，蜀汉的主要矛盾应该是和曹魏的矛盾，蜀汉的主攻方向应该是向北攻击曹操，攻占陕西渭河平原，而不应该向东攻击孙权。但此时,刘备已经听不进去任何反对的声音了,他一意孤行,率领蜀国大军势如破竹顺江而下直出长江三峡,直奔东吴。孙权只得迎战刘备,但当时,陆逊已经相当成熟,他为大将,带领区区四万人在宜昌西陵峡口死死地堵住了刘备的大军。这便是"夷陵之战",又称"猇亭之战",战争的结局出人意料,陆逊居然以弱胜强。起初,先是刘备猛攻,陆逊死守,但蜀军攻击多日毫无战果,陆逊便避其锋芒,带领吴军坚守不出。冬去春来,战争被拖到了第二年的夏天,蜀军远距离作战,补给困难,陆逊只用一个"拖"字,吴军便以逸待劳,拖垮了蜀军。在长期的相持中,蜀军渐渐精疲力竭,由于连日苦战,加之天气炎热,蜀汉军队于是将营帐从江边移到山上树林里。陆逊终于等到机会,继赤壁之战后,又一次采用火攻,给予刘备致命一击!结果刘备大军被"火烧连营七百里",一夜之间数十万大军灰飞烟灭!刘备仓皇逃命,幸得赵云率救兵赶到,将刘备接入白帝城内。败退白帝城的刘备一病不起,不久召丞相诸葛亮到白帝城,将自己的儿子托付给诸葛亮后驾崩,这就是"白帝城托孤"。孙权在公元 229 年称帝,国号吴。至此,三国时代正式到来。吴国拥有江南富庶之地,加之战略要地荆州的南郡、江夏、零陵、武陵、长沙、桂阳六郡与曹魏抗衡,战略缓冲地带广阔,国力也很强盛。曹魏政权拥有北方广大地域,在三国中力量最为强大。

蜀国由诸葛亮独掌大权,他励精图治,富国强兵;南征孟获,西和羌戎,稳定了边防;与东吴修复外交关系,重新结成联盟。但诸葛亮对刘备复兴大汉的夙愿念念不忘，在时机成熟的时候，又企图举兵向东北占领陕西渭河平原，攻击长安。但此时，蜀汉已经失去了荆州，单凭四川与汉中的力量，与吴魏相比都处于下风。诸葛亮"明知不可为而为之"，最终陨落五丈原。

　　蜀国的悲剧命运似乎在关羽丢失荆州以后就已注定。但三国时代极其短暂，魏国由于受到蜀国诸葛亮北伐军的猛攻，只能启用司马懿抗击诸葛亮，双方连年征战，两败俱伤。此后，蜀国在公元263年被司马昭的两路大军（邓艾、钟会）所灭。曹魏的根基也发生了动摇，司马氏一门逐渐掌握军政大权，司马懿与长子司马师、次子司马昭先后专权，司马昭的儿子司马炎在公元265年篡位，魏国灭亡。司马炎建立晋朝，定都洛阳，史称西晋。司马炎任命羊祜为镇南大将军，驻守襄阳。羊祜提出，以襄阳为军事基地，厉兵秣马准备进攻东吴。羊祜死后，继任者杜预终于实施了灭吴之战，公元280年晋朝六路大军齐发，吴国灭亡，至此三国归晋，一个风起云涌的时代就此终结。

第二章

白璧微瑕关云长

第一节 英雄也"小气"

在我们的印象中,英雄都是大气的,他们之所以能够建功立业,成就他人所不能成就的大事,一定是因为他们有比他人更宽广的胸襟。在我们熟悉的《三国演义》中,关羽不但武艺高强,还不在乎荣华富贵,不计较个人得失,一心跟随刘备复兴汉室,为蜀汉立下汗马功劳,符合人们心中对英雄的一切想象。

历史上,关羽也有着光辉灿烂的一生,他的英雄事迹被一代代传颂,但与演义中不同的是,真实的关羽更加有血有肉,他不但以一己之力为刘备打下半壁江山,更以凡人之躯成就了壮丽的事业。在关羽身上,同样有一些与我们普通人相似的缺点,让人为他惋惜的同时也感到更加亲切。

比如,这位顶天立地的大英雄,其实是个很"小气"的人。这件事还需要从那个被传为古今美谈的"三顾茅庐"开始说起。彼时,刘关张三人已经被曹操逼得走投无路。当时,曹操与袁术之间的官渡之战一触即发,曹操为先除掉刘备这个后顾之忧,攻打了小沛和下邳,刘备兵败而逃,再一次失去了辛辛苦苦寻找到的栖身之所，无奈之下，只得带着关羽和张飞二人投奔了荆州刘表。此时，正是刘备的人生低谷，他已经四十七岁了，但仍一事无成，一次次的失败让一向坚韧的刘备甚至开始怀疑人生。一次，他受邀到刘表处赴宴，竟然因一件小事大哭起来。原来，刘备席间如厕，偶然发觉自己的大腿内侧已经生出赘肉来了。或许，这在旁人看来简直是不值一提的小事，可是，对一个戎马半生、一心想要成就霸业的人来说，却十分痛苦。刘备看着刘表这个不如自己的人坐拥荆州，自己却只能四处漂泊，想到之前的努力一次次白费，如今年华老去，竟然还是一事无成，不禁怆然泪下。

关羽和张飞自涿郡便跟着刘备出生入死，此刻见刘备如此伤心，全都跟着潸然泪下，黯然伤神。刘备痛定思痛，认为是阵营里缺少一位能够运筹帷幄之人。一直以来，他们建立功业仅仅凭借匹夫之勇，难免被实力强大的对手四处驱赶，若有人帮自己谋定而后动，可能就是另一番景象了。经人推荐，刘备将注意力放在了在隆中隐居的诸葛亮身上。

诸葛亮是个很有学问的人，也是一个很骄傲的人。刘备为了请到诸葛亮，不惜三顾茅庐，终于将诸葛亮收入麾下。

诸葛亮，字孔明，琅邪阳都（今山东临沂市沂南县）人氏。琅邪诸葛氏是一个世代簪缨之家。诸葛亮之父诸葛珪，官至兖州泰山郡丞，诸葛亮的兄长诸葛瑾，后来成为孙权手下的大臣。诸葛亮更是聪明好学，但为了等待机会，诸葛亮从十六岁到二十七岁在隆中前后居住了十二年之久。刘备拜访诸葛亮

时，带着关羽和张飞一同前往，但是前两次都没有见到诸葛亮本人就悻悻而归。对此，刘备并不在意，但关羽、张飞二人十分不满。在关张二人看来，诸葛亮不过一介书生，刘备能够屈尊降贵去请他，已经是很不容易的事情了，两次都没见到诸葛亮本人，这诸葛亮即使再有本事也未免太不识抬举了。碍于刘备的执着，关张二人才不得不跟着刘备第三次拜访诸葛亮。

这一次，诸葛亮见刘备三人诚意十足便把刘备请入内堂，与刘备共商大事。他给刘备细致分析了曹操、孙权以及袁绍等人的实力，又指出了刘备的出路——便是与曹操、孙权三分天下，这便是著名的"隆中对"了。刘备十分认同诸葛亮的观点，在请到诸葛亮为自己效力后，每当需要做重要的决定时，都会与诸葛亮商议。

可是，诸葛亮被刘备从隆中请出来的时候刚刚二十七岁，而刘备已经四十七岁了，关羽和张飞二人与刘备年龄相仿，诸葛亮对三人来讲，是十足的"晚辈"，况且诸葛亮当时名不见经传。看着这样一个年轻的后来者，身无寸功，便深受刘备赏识与信任，地位日渐超过自己，关羽、张飞二人颇有微词。尤其是关羽，关羽向来对手下士兵十分宽容，却唯独不喜欢满嘴大道理的读书人。在他看来，这些人手无缚鸡之力，大敌当前之时，他们只会躲在后方指手画脚，真正出力卖命的还是手下将士，对诸葛亮渐渐表现出不满来。

"云长、翼德，你们可知我为何重视孔明先生？"见二人对诸葛亮不满，刘备便叫来二人问话。

"属下不知，还请主公明示。"关羽不语，只有张飞答话。

"我刘备自离家以来，奔波多年，已经到了知天命的年纪，依然一无所获。如今遇到孔明先生，便是如鱼得水，成就一番事业指日可待。你二人与我同生共死，今后更要与我共同完成霸业，定是最明白我的心思的，切不可与孔明先生有嫌隙呀！"

刘备说的不错，在诸葛亮追随刘备之前，刘备一直是四处漂泊的状态，直到诸葛亮提出三分天下的主张，刘备才终于找到方向，慢慢建立起自己的基业。

"翼德此后自当与孔明先生同心辅佐主公。"张飞所说的确是心里话。张飞与关羽不同，他本就十分敬重读书人，反而是对手下士卒十分暴虐，听到刘备劝诫，便真心放下偏见，接纳了诸葛亮。反观关羽，见刘备如此劝说，也只得收敛起自己的脾气，不再为难诸葛亮，但他并没有真正与诸葛亮亲厚起来。在后来的交往当中，诸葛亮对关羽也显得十分小心翼翼。

关羽对诸葛亮的态度转变，不过是碍于刘备的干涉，但关羽对读书人的态度并没有改变。关羽因为看不起读书人，最终还是吃了亏。比如，在围攻樊城的时候，关羽就犯了这样的错误。

当得知陆逊这一"书生"将要接替吕蒙的时候，关羽表现得相当不屑。关羽认为，书生们只会纸上谈兵，无法上阵杀敌，只要大兵压境，便会心生惧怕，再有学问也无济于事。要知道，这陆逊出身吴郡陆氏，为江东大族，不但家族积淀深厚，自身

更是文武双全，这与关羽印象中的读书人是完全不同的。当初，便是陆逊向孙权建议先平定内乱，招兵买马，再向外发展。陆逊在对抗曹操时更是表现得足智多谋，不但能够取得军事上的胜利，还能够保证东吴内部的稳定发展。为了帮助吕蒙打败关羽，陆逊在吕蒙称病返回建业之时，给关羽写信，蒙蔽关羽。

陆逊对吕蒙说："关羽自恃勇猛，从不将他人放在眼中。如今刚刚开始有大功，就开始肆意妄为。他忙于北进，未存戒心于我。他若听到您病重，必然更加放松戒备。如今，出其不意进攻，自然可以擒获他。您见到主公，应好好筹谋此事。"见陆逊如此深谋远虑，吕蒙回到建业便向孙权推荐了陆逊，让他代替自己在陆口指挥。经过吕蒙的推荐，孙权重用了年仅三十六岁的陆逊代替吕蒙为偏将军、右部督。陆逊到任后，便写信给关羽，在信中吹捧关羽，赞扬他的功德，表达自己对他的仰慕，并且表示绝不与关羽为敌。利用关羽骄傲自大的弱点，使他完全丧失对东吴的警惕。关羽因此把留守后方、用于提防东吴的军队调至前线，全力对付曹操，最终导致腹背受敌。关羽兵败后，陆逊先后斩获、招纳关羽帐下数万人。后来，在刘备攻击东吴，想要为关羽报仇的时候，又是陆逊将他击败，导致刘备命丧白帝城。另外，傅士仁、糜芳二人的叛变，也是关羽间接导致的，起因便是关羽十分排挤二人。

关羽虽然不喜欢读书人，但特别喜欢读《左传》，因为《左传》这部书特别善于描写战争，在那个战乱四起的年代，武将们也希望能通过读书来提升自己的战斗力。如果关羽能够通过读书克服自己身上的那些缺点，说不定将会有另外一种结局。当时的另一个武将就通过读书改变了命运，那就是杀死关羽的吕蒙，他还帮助孙权取得了荆州，战胜了关羽。

关羽一生刚毅勇猛，却也无可避免地有着一些难以克服的缺点，这让人在被关羽的魅力所折服的同时，也不免为他扼腕叹息。这样一位叱咤东汉末年，让人闻之胆寒的大英雄，若是能虚怀若谷，很可能就是另一番结局了。但那毕竟是个战乱频仍的残忍时代，每个人都活在极其恶劣的环境中，稍有不慎便会功亏一篑，甚至付出生命的代价，关羽的悲剧结局便也有了一定的必然性。

第二节　武圣的傲慢

人们所期待的"武圣"是完美的，但作为一个历史上真实存在的名将，关羽有着显著的缺点，其中最显著的一个缺点就是傲慢。

关羽随刘备南征北战，一直以来所向披靡，鲜有败绩，这也让他逐渐自信起来，到后来便发展成了自负，认为没有人能比得过他。

刘备攻打益州刘璋时，收服了一名悍将，名叫马超，这马超出身名门望族，乃是汉伏波将军马援的后人。早前，马超与父亲马腾据兵关陇，称雄一时。曹操赤壁战败后，将注意力放在了关中，马超便与曹操相抗衡。坚持了数年之后，马超失败，其父身死，马超便向南逃亡，投靠了汉中张鲁，但马超在张鲁那里受到排挤，刘备攻打汉中后，便投降了刘备。刘备称帝后，封马超为骠骑将军，领凉州牧，进封斄乡侯。当时，远在荆州的关羽听说马超投降刘备，竟然担心了起来。不知如此悍将，跟自己相比到底如何。关羽辗转反侧，终于按捺不住，特意写信给诸葛亮询问有关马超的事情。在信中，关羽问诸葛亮，马超的才能是什么样的水平。诸葛亮最知道关羽的性格，他知道关羽爱面子，肯定接受不了别人比他强。于是诸葛亮在信中对关羽说道，马超文武双全，勇猛无比，他的才能可以与张飞相提并论。但诸葛亮特意安慰关羽道，马超比起关羽还是差一些。关羽看诸葛亮这样说，才放下心来，高兴得像孩子一样，甚至把这封信展示给他人看。

但事实上，马超的能力丝毫不逊于关羽。马超归刘之前，割据过雍州、凉州，其地位与刘备相当，归顺刘备后，被封为将军，着实是委屈了。论战力，马超当时威震羌、胡、匈奴等少数民族政权，曾经大破南匈奴单于呼厨泉，四大氐王都对马超心悦诚服。诸葛亮这样说，单纯就是为了安抚关羽，让他放心戍守荆州。

后来，又发生了一件类似的事情。刘备在汉中称王时，封赏了身边一众文武官员，在这次封赏中，关羽又表现出了傲慢的一面。

《三国演义》中，关羽和黄忠之间发生了一段非常有意

第二章　白璧微瑕关云长

思的故事。小说中，在赤壁之战后，张飞、赵云帮助刘备先后抢占了荆州南郡、襄阳、零陵、桂阳和武陵，关羽见此情景便要攻取长沙，在这场战役中，关羽与黄忠大战了三日，进行了三次比试。第一日，关羽以不到三个回合砍杀了管军校尉杨龄后与黄忠对阵，二人大战一百回合，仍然不能分出胜负。长沙太守韩玄怕黄忠老迈经不起关羽消耗，便紧急鸣金收兵。第一战后，关羽回顾二人缠斗的过程，发现这老将居然毫无破绽，心中对黄忠甚是佩服。第二日二人再战，这一战二人打斗至五六十回合依然难分胜负，关羽心生一计，交战正酣之际佯装败退，掉转马头就走，希望黄忠来追时以拖刀计取胜，就在关羽马上得手之际，不料黄忠马失前蹄，关羽又心生怜惜，对黄忠说道："快快换马来战！"这无疑是饶了黄忠一命。第三日，两人三战，黄忠诈败，关羽果然中计欲追，此时，黄忠回头欲以箭取关羽性命，但念及关羽上次的不杀之恩，黄忠将箭射到了关羽头盔的红缨之上。如此明显的高抬贵手更让关羽感激不尽。韩玄见二人如此你来我往，便迁怒黄忠，最终黄忠被关羽劝降，关羽也攻下长沙。这段战长沙的故事让人对关羽、黄忠两位武将之间的惺惺相惜印象深刻，让读者更加认可刘备的"仁德"以及蜀汉的正统地位。

可事实上，黄忠与关羽之间并没有发生这段故事，不但两人不曾惺惺相惜，两人间的关系也并不融洽，这一切都源于关羽对黄忠的态度。

原来，刘备自封汉中王后特别高兴，便下令以关羽为前将

军,张飞为右将军,马超为左将军,黄忠为后将军,赵云为翊军将军,魏延为镇远将军。关羽接到封赏的命令,兴奋得捻须大笑。但是,当他了解到同时被封赏的还有黄忠的时候,就又不高兴了。他认为,黄忠的功劳远远比不上自己,自己怎么能与他齐名呢?原来,按照东汉的官制,前、后、左、右四将军是同一等级。任右将军的张飞,是关羽的义弟,关羽当然对此无意见。任左将军的马超,曾经雄踞凉州,独霸一方,关羽对他与自己并列亦无异议。唯独对于后将军黄忠,关羽是轻视之至,提起他就火冒三丈,说道:"大丈夫岂能与那个老兵同列!"

在关羽看来,黄忠归降时日尚短,功劳也不多,便不服。关羽看不起黄忠,主要是因为黄忠是降将,这让关羽觉得黄忠所谓的功劳不过是靠投降得来的,与自己实实在在拼杀出来的军功无法相提并论。可事实上,黄忠也为刘备立下了汗马功劳。

<u>黄忠,字汉升,南阳(今河南南阳)人,本为刘表部下中郎将,后归降刘备,并助刘备攻破益州刘璋。</u> 小贴士

建安二十四年(219年),定军山之战中,刘备率军与夏侯渊交战。当时,夏侯渊派张郃去守护东围鹿角,自己率兵守护南围鹿角。张郃的军队在东围鹿角遭遇刘备的进攻,被刘备打得无力反击,夏侯渊便派兵去救张郃,自己则率领仅剩的四百人继续防守南围鹿角。黄忠率兵攻打夏侯渊,他成功将夏侯渊斩杀于南围鹿角,为刘备除去大患。夏侯渊战死后,曹军

失去主帅，黄忠趁机进攻曹军大营，大败曹军。如此大功，刘备当然要封赏，于是便使之与关羽同列将军之位。

当时，刘备远在汉中，关羽不能向刘备当面表示抗议，便为难起前来颁布命令的使者费诗，关羽拒绝举行封拜仪式。费诗无奈，只得慢慢给关羽讲道理。诸葛亮早就知道关羽的脾气，在刘备欲封黄忠为后将军的时候便对刘备说过："黄忠老将军的名望，本来就与关羽、马超之类不可同日而语，如今主公要将他们封为同等官职，恐怕会有不同意见。如今，马超、张飞都亲眼见证了黄忠老将军的功劳，可能比较容易接受您的决定，可关羽远在荆州，只是听说了这些事，肯定会不高兴的。"刘备也表示赞同，还曾经想要亲自向关羽解释这事，但无奈并没有这样的机会。

"关将军，不知你可还记得我大汉开国之时一众功臣？"

"费大人有话便说。"费诗见关羽一副不耐烦的样子，只得硬着头皮说下去："昔日萧何、曹参都是高祖皇帝的旧相识，感情深厚。而陈平、韩信都是后来才投奔高祖皇帝的，然而在平定天下后排列位次时，以韩信之位为最上，萧、曹二人从来没有什么怨言。"

"这怎么能与眼前之事相提并论？"

见关羽还不能理解，费诗便接着讲了下去："主公现在已经是汉中王了，但霸业还未成。仍然需要诸位将军鼎力相助呀。"

"我并非排挤那黄忠，只是黄忠的功劳怎能与我相提并论？"

费诗见关羽有所松动,便继续劝解:"将军有所不知,这正是汉中王的苦心啊!"

"哦?此话怎讲?"

"将军听我一言,当今天下,谁人不知汉中王待关将军、张将军如同手足?如今光复汉室正是用人之际,将其他几位将军与关将军同列,便是对他们最大的封赏啊!"

"费大人此话……倒是言之有理。"

费诗紧接着又说:"汉中王虽然因为斩杀夏侯渊的功劳而封赏了黄将军。但你我都知道,汉中王对关将军的亲厚与重视,哪里是黄将军可以比的?关将军如今若不肯接受封赏,难道是与汉中王置气吗?"

"费大人,你知我不是这个意思……"关羽听到此处,已经有些后悔自己的任性举动了。

"关将军,莫怪费某多言,您与汉中王犹如一体,自汉中王布衣时就与他同甘共苦,如今便更要理解他的苦心,切莫在此等细枝末节上斤斤计较才是呀!况且,我只是一个传命之人,如果您不接受这次的封赏,我大可直接回成都复命去。我实在不忍心看您和汉中王因为这样的小事而伤了感情,才留下劝一劝您。若您拒不接受,我担心您将来早晚要后悔呀!"

"费大人深谋远虑,关某受教了。"听了费诗的劝告,关羽还是乖乖接受了官职,当即便吩咐部下将一应事宜安排妥当,顺利举行了封拜仪式。费诗劝服了关羽,这才放心回到益州复命去了。

关羽的骄傲其实不是完全没有根据的，在那个战乱频繁的年代，若不自信，又怎能在与众人的竞争中脱颖而出？若不是身经百战，敢于万军之中斩敌人首级，又哪里有骄傲的资本？关羽正是因为身经百战，在无数大大小小的战斗中证明了自己的实力，才会越来越自信，慢慢变得骄傲起来。但也正是因为关羽的骄傲，我们看到了他与众不同的地方。

只是骄傲不仅仅要有资本，更要有度，不能过分骄傲。关羽若能克服骄傲的缺点，谨慎行事，便也不会酿成痛失荆州、败走麦城的悲剧。

第三节　武人的弊端

关羽身上的很多缺点，其实并不仅仅是他个人的问题，更多的是那个时代许多人的通病。东汉末年，是一个很多事都要诉诸武力才能解决的时代，那个时代便诞生了"武人"团体，关羽便是其中之一。他们解决问题喜欢用最直接的方式，这导致他们普遍缺乏深谋远虑。

关羽这种"武人"的性格弊端使他缺乏足够的政治智慧。当初，关羽在荆州发展，备受瞩目，孙权为了能够拉拢关羽，与蜀汉形成更加巩固的联盟关系，曾经派诸葛瑾向关羽提亲，希望能够让自己的儿子娶关羽的女儿，可关羽只用了一句话就惹怒了孙权。

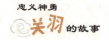

当时,孙刘两家虽然存在诸多利益分歧,但面对强大的曹操,仍然需要结成同盟才能生存。为此,孙权曾经接受周瑜的建议,将自己的妹妹孙尚香嫁给了刘备。这种联姻的方法使得双方在表面上维持了和平。为了能够让这种合作关系更进一步,孙权才想到让自己的儿子与关羽的女儿结亲。

为此,孙权特地派与蜀汉关系特殊的诸葛瑾拜访关羽。

"恭喜关将军,我此来,特意为您带来一个天大的好消息!"

"何喜之有?诸葛大人尽可直说。"关羽始终觉得诸葛瑾代表孙权前来,必定心怀不轨。

"听闻关将军膝下有一名虎女,才貌双全,深得将军喜爱,可是真的?"

"确有此事,小女虽然跟着关某南征北战,但自幼便被我悉心教养,不论是相貌还是才华,都是人中翘楚。"关羽提起自己的女儿,觉得十分骄傲,更是毫不谦虚地夸赞。

"我说的喜事正是令爱的。"

"哦?诸葛大人请讲。"

"吾主孙权膝下有一子,从小便被悉心培养,如今更是文武全才。当前,已到了婚配的年纪,吾主乃命我前来向将军提亲,希望两家能结成秦晋之好……"

"哈哈哈,诸葛大人切莫说笑。"还未等诸葛瑾说完,关羽便大笑着打断了他,仿佛听到了多么可笑的笑话一样。

"诸葛大人既然说了,我的女儿是虎女,那虎女又岂能配犬子呢？你东吴除了联姻，竟没有别的办法来保住疆土了吗？"说罢，关羽又大笑不止，还将诸葛瑾骂走了。

诸葛瑾当下便十分生气，保媒不成，自家主公反而被关羽如此耻笑，"虎女岂能配犬子"一句，实在是赤裸裸的侮辱。回到东吴，诸葛瑾便将事情经过一五一十讲给孙权听，莫说对方是孙权，换作普通人也定然会生气，联姻一事自然作罢。此事虽然不至于直接导致双方联盟破裂，但关羽的处置方式还是显得过于草率了。当时，关羽身为荆州守将，身系蜀汉半壁江山，对刘备兴复汉室起着中流砥柱的作用，但关羽行事仍然全凭喜好，太过意气用事。作为联盟方，他也没有正确看待东吴的战略地位，在事关孙刘联盟存续与否的关键环节，做出了相当任性的选择，未能从三足鼎立的全局审时度势，筹划布局。

可若双方联姻，关羽的悲剧便能够避免吗？这也未必。联姻虽然是结成同盟的重要方式，但在绝对的政治利益面前也不值一提。远的不说，刘备与孙权之间就是姻亲关系。当初，双方为了促成结盟，孙权将自己的妹妹孙尚香嫁予刘备，可最终还是没能阻止联盟破裂。

但当我们再回头看那段历史便不难发现，关羽所具有的这种性格弊端，是当时很多人都无法避免的，当时不少叱咤一时的英雄人物都败在这种性格上，比如刚愎自用的吕布，等等。

在史书上留下浓墨重彩一笔的关羽无论如何也不会想到，后人在史书之上还记录了他一件难以启齿的尴尬事。

东汉末年，吕布手下有一位名不见经传的将领，名为秦宜

禄，此人文韬武略一无所长，却能在人才济济的时代于史书之上留得姓名，便与关羽的这件尴尬事有关。

建安初年，吕布反复无常的性格显露无遗，他先是投到刘备门下，在刘备对其以礼相待的时候却趁机抢夺了刘备当时的根据地，后来刘备走投无路，只得转投于吕布门下，可吕布突然对投到自己门下的刘备发起攻击，刘备无奈转投曹操。建安三年（198年）冬十月，曹操率军救援刘备、征讨吕布，将吕布围困在下邳城中。

勇猛如吕布，此刻也招架不住两大强敌围攻，于是便派遣手下部将秦宜禄出城向袁术求救。这秦宜禄并无其他长处，但家中有一貌美如花的妻子杜氏远近闻名，甚至传到了关羽耳中。自古英雄难过美人关，关羽这位大英雄也是如此。

关羽竟然觊觎别人的妻子！这不是严重的道德问题吗？以现代人的眼光来看，这确实不符合道德标准。但在汉代，这并不算什么大事。当时人们的婚姻关系并不那么严格，女性的贞操观也尚未形成，她们在择偶、离婚还是再嫁上拥有一定的自主权，并不完全是男子的附庸，男子也并不要求对方一定没有婚史，女性再嫁在当时并不少见。更何况当时战乱频繁，社会处于"礼崩乐坏"的状态，很多道德观念也因战乱而被抛弃。

于是，关羽禀告曹操说："吕布让秦宜禄去求救，那秦宜禄已经逃出城去了，我请求迎娶秦宜禄的妻子杜氏。"

曹操对关羽向来十分欣赏，那杜氏仅为敌将的妻子，做个顺水人情又有何不可呢？于是他便答应了关羽。在刘备和曹操

第二章　白璧微瑕关云长

的围攻之下，吕布不久便难以招架。只可惜，当时的女性对自己的命运仍然没有足够的掌控权，秦宜禄的妻子此刻还不知道，自己的命运竟然与吕布的兵败扯上关系，就在她盼着自己的丈夫搬得救兵顺利归来之际，自己的命运已经被几个陌生人的决定改写了。

曹操本已将关羽所求之事抛到了脑后，没想到，战事即将胜利之际，关羽又找到了自己重提此事。

"丞相，不知下官此前所求之事，丞相可还应允？"

被关羽如此一问，曹操一时之间想不起来关羽所说是何事了：

"不知关将军所说何事？"

"便是那吕布座下秦宜禄……"

"秦宜禄？"曹操已经想不起来这个名字到底什么时候听到过了。

"正是，关某想纳秦宜禄之妻杜氏……"

"哦……"关羽说到这，曹操才想起之前关羽所求正是此事。

"关将军，此刻吕贼城破在即，大事未定，细枝末节小事还须从长计议呀。"曹操颇为欣赏关羽，这关羽遇事一向从容淡定，如今却为一敌将之妻三番两次向自己说起，此事却有不寻常之处，他便先将关羽打发了。

"是！末将遵命。"关羽并未多想，只得先行退下。曹操因关羽的不寻常表现怀疑杜氏颇有姿色，城破后，便抢先派人把杜氏抢了回来。曹操见到杜氏，不免大吃一惊，也明白了关羽为何如此反常。这杜氏果然貌美非常，即便曹操这等见多识广之人也不免为之倾倒。曹操当即决定要将杜氏留在自己身边，如此绝色，怎能轻易让给关羽呢？关羽听说此事后，虽然不满，却也无可奈何。

　　再说杜氏的丈夫秦宜禄，也并未因此事而恼恨曹操，这秦宜禄本就不是顶天立地之人，早在去袁术处求援之时，便将妻子抛诸脑后了。袁术本来也不想帮助吕布，便把东汉的宗室女子嫁给了秦宜禄。吕布败亡后，秦宜禄不顾夺妻之恨，归降了曹操，甚至接受了曹操的封赏，担任豫州沛国铚县（今安徽省淮北市濉溪县西南）的县丞。如此善变之人，当然没有好下场。后来，刘备与董承密谋反曹的事情败露，曹操决定亲自东征刘备。刘备被曹操打败后，败走小沛，途中路过铚县，正遇到在此为官的秦宜禄。刘备知道秦宜禄与曹操的过往纠葛，想趁机挑拨二人关系，便对秦宜禄说："那曹贼霸占了你的妻子，你还要死心塌地给他卖命吗？真是愚蠢至极！可笑至极！你干脆跟我走吧。"这秦宜禄一贯见风使舵，也没什么政治头脑，当即便选择跟着刘备逃亡，可冷静下来一想，刘备与曹操实力相去甚远，自己放着好好的县官不做，却跟着刘备逃亡是何道理？于是，还没走出几里路便后悔了，想要回去继续给曹操卖命。暴脾气的张飞怎见得如此摇摆不定之人？还未等刘备下令，便直接将他杀了。

秦宜禄这人，无德无能，本来就是历史上可有可无之人，却不想因这桩小事将形象光辉的关羽"拉下水"来，还在历史上给自己留下了并不光彩的一笔，但也正是这小小插曲的存在，让我们看到了一个白璧微瑕的关羽。

第四节 武圣的"朋友圈"

提起关羽的交往圈子，我们很容易联想到《三国演义》中的一系列故事。他与刘备、张飞结拜，自此亲若手足；他与黄忠不打不相识，惺惺相惜；他对诸葛亮言听计从、礼重有加……作为蜀汉的核心人物，他光明磊落、重情重义，必然有许多人仰慕他、敬重他，与他交情深厚……

但事实并不是我们想象的样子，关羽一生孤傲、目无下尘，所以真正的朋友并不多。

这其中最不能忽略的，当然是张飞。自从二人跟随刘备起兵之后，就一直共同辅佐刘备，在多年的奋斗中，三人之间的关系早已超出了君臣之间的关系。如果说关张二人对刘备是忠诚，那关张二人之间的情谊绝对已经超出了朋友之间的友谊。二人间如果没有这种默契，刘备便不会取得与曹操、孙权并立的巨大成就。

但除了张飞以外，能真正称为关羽朋友的人便不多了。但有两个人，绝对算得上关羽的挚友。令人惊讶的是，此二人

却并非刘备手下的将领，乃是曹操麾下猛将，他们就是张辽和徐晃。

张辽，字文远，雁门马邑（今山西朔州市）人，其经历十分曲折。兴平二年（195年），吕布投奔刘备，吕布帐下有一猛将，便是张辽。吕布投到刘备帐下后，刘备待吕布甚是亲厚，吕布手下一众将领便与关羽、张飞熟络起来。经过了解，这张辽与关羽乃是同乡。他本是西汉聂壹之后，为了躲避仇家才改姓张。汉末，因为武力过人被并州刺史丁原召入麾下。后来丁原被董卓打败，他便归顺了董卓，董卓兵败后，张辽便带兵投奔了吕布。二人一见便觉得相见恨晚，即便分属不同阵营，也不妨碍二人之间比旁人更加亲厚。

建安三年（198年），张辽投降曹操时，恰逢关羽随刘备投靠在曹操处。这一年里，关羽、张辽二人都是曹操手下的降将，便更有惺惺相惜之感，二人友谊也更加坚固了。时间来到了建安五年（200年），这一年，关羽与刘备失散，曹操擒获关羽，曹操欣赏关羽为人，便拜为偏将军。为此，张辽很替关羽高兴，若能一起辅佐曹公，岂不美哉？关羽也并没有让张辽失望，同年四月，关羽与张辽为先锋，抵挡颜良于白马，二人心意相通、配合默契，打起仗来自然顺利，关羽更是于万军中斩杀颜良，与张辽合力大破颜良军，助曹操解了白马之围。这令曹操十分高兴，便动了心思想要将关羽收入麾下。可曹操深知关羽对刘备忠心耿耿，荣华富贵皆不能令关羽心动，便只能从"情义"二字入手。曹操知道张辽与关羽素来亲厚，便派张辽去探关羽

第二章 白璧微瑕关云长

的口风。

"云长!"张辽来到关羽处,一见面便抱拳行礼。

"兄长!"关羽见张辽前来,立刻起身迎接。

"云长,可知我此来所为何事?"

"关某不知,还请兄长明示。"

张辽之所以如此吞吞吐吐,只是因为他比任何人都了解关羽的为人。在他看来,关羽投靠曹操麾下,实乃情势所迫,即便曹公对关羽礼敬有加,关羽也一直在打探刘备的消息。可曹公惜才爱才之心,张辽也十分了解,若能劝得关羽投靠,也算是两全其美之事,张辽便壮着胆子将来意说明。

"为兄此来,正是想要询问云长,可有意投于曹丞相门下?"

关羽先是一惊,转而神色如常,问道:"兄长可想知道关某真实想法吗?"

"当然。"

"我关某人,此生只追随刘玄德一人,曹丞相好意,关某心领了!"

"我早知云长是忠义之人,今日不过斗胆一问,还望云长见谅!"张辽并没有过多劝说关羽,这一问,不过是验证他的想法罢了。

张辽无功而返,但难免心中忐忑,因为这事本就是曹操要他来打探关羽的态度的,所以,张辽不得不向曹操复命。但如何回复曹操着实令张辽感到为难。他若实话实说,言明关羽心向刘备，着实怕曹操杀掉关羽；但若说假话搪塞曹操，一来是对曹公不忠，二来是对关羽不义。张辽沉思良久，叹息道："曹公，是君父；关羽，是兄弟。"好在最终曹操没有为难一心惦念刘备的关羽，也没有难为忠义两全的张辽，不久便放关羽回到刘备处了。

关羽的另一位挚友便是徐晃了。徐晃，字公明，河东杨县（今山西洪洞县）人，与关羽也是同乡。徐晃早年曾经做过河东郡的郡吏，曾追随车骑将军杨奉，因其骁勇善战，颇受杨奉赏识，被其提拔为骑都尉。兴平二年（195年）李傕、郭汜之乱长安，徐晃劝说杨奉，让他与皇帝到洛阳避险，杨奉听从了他的建议，到洛阳后，徐晃又劝说杨奉投靠曹操，这一次，杨奉先是接受了徐晃的建议，投靠了曹操，可又反悔了。这便惹怒了曹操，曹操于是讨伐杨奉，徐晃本来就有意追随曹操，便趁此机会投于曹操麾下。徐晃与关羽相识，也发生在刘备投靠曹操期间。

关羽能与徐晃成为好友，除了两人是同乡之外，更多的应属英雄间的惺惺相惜。徐晃一向有勇有谋，骁勇善战，曹操手下虽然战将云集，但是，张辽、徐晃确实是其中最为突出者。陈寿评价曹操手下名将时说："太祖建兹武功，而时之良将，五子为先。"历数这五子，一为张辽、二为乐进、三为于禁、四为张郃，五为徐晃。在官渡之战中，张辽、关羽为先锋，击败了颜良，而"诛文丑"者正是徐晃。关羽、张辽击败颜良后，曹操采用荀攸之计，以辎重为诱饵，诱使文丑所率领的军队因抢夺辎重而陷入混乱。趁此机会，徐晃果断发起攻击大败文丑，并凭借此功被曹操拜为偏将军。官渡之战中，曹操得知袁绍派人押运数千车粮草到了官渡，便想要烧掉这些粮草，毁掉袁绍军队的补给。当他询问谁能当此重任之时，谋士荀攸毫不犹豫地推荐了智勇双全的徐晃。曹操于是便派徐晃和史涣前往，二人成功在故市（今郑州西北）截烧袁绍辎重。此战，徐晃功劳最大，被封为都亭侯。如此猛将，与关羽相识后便成了关羽的至交好友，关羽更是将其当作兄长来尊敬。

徐晃与张辽最不同的地方就是，他不追求忠义两全，在友情与忠诚之间，他坚定地选择忠诚。虽然与关羽关系要好，但徐晃绝对不会对关羽手下留情，建安五年（200年），在徐州之战中，徐晃随曹操击败了投靠袁绍的刘备。

由此可见，关羽并不是真的孤傲，只不过是知己难寻，当他遇到知己之时，即便对方与自己分属不同阵营，他也会真诚与之相交。不过，因为各为其主的关系，徐晃最后一次见到关羽，是在战场之上，且双方不得不兵戎相见。关羽攻打樊城之时，水淹于禁七军，派兵围困曹仁于城中，一时之间势不可当，曹操为打败关羽，特地命徐晃、张辽带兵前去增援。按说，曹操手下战将甚多，选择张辽、徐晃二人实乃煞费苦心，曹操知道，张辽、徐晃皆为关羽好友，不仅谙熟关羽的用兵之道，更能以"情义"令关羽分心，于是不惜将正在关中作战的徐晃和防守合肥的张辽同时调回。

由于张辽到樊城路途遥远，徐晃先行到达前线。徐晃与关羽交战后，果然明白关羽意图，便以声东击西战术，扬言欲攻围头，却出其不意突袭四冢。关羽恐四冢有失，便自率步骑五千前来迎战。

战场之上，关羽与二人相见，自是情难自禁，不禁叙起旧来。

"徐兄！许久未见，兄长安好？"关羽此时，眼中竟然已经噙满泪水。

"贤弟！为兄一切皆好！许久不见，贤弟竟生出许多白发来！"不待关羽感动，徐晃立刻话锋一转，对着手下大喊："得关云长首级者，赏金千斤！"

"兄长！这？！"关羽眼中，既有不可置信，也有万般无奈，他虽然知道双方立场不同，终归要分道扬镳，可真与挚友兵戎相见，心中难免苦涩。

"这是国家之事！"徐晃下达这样的命令，自己也百感交集，但忠义毕竟大于兄弟之情，他也不得不忍痛斩断私情。

最终，关羽在徐晃的强大攻势之下不得不败逃麦城，徐晃则因救援樊城之功而被封为右将军。而张辽，则无缘见关羽最后一面。

与挚友兵戎相见，为武圣关羽的悲剧结局又添上了重重一笔，但败于昔日挚友之手，想必也能令关羽减少些遗憾吧。

不论关羽与二人的友情如何深厚，关羽都不会因为与他二人的私交而改变自己的政治立场，这不是因为关羽不重视友情，而是因为关羽分得清大是大非。人在选择朋友的时候有几个重要的标准，可能是志趣相投，可能是经历相似，也可能是利益相关，但在事关自身最重要的问题时，这些都可以忽略和舍弃。

在关羽心中,最重要的便是对蜀汉的忠诚,因此,只要触碰了这一底线,关羽也只得忍痛舍弃友情。

第五节　悲剧的根源

纵观关羽的一生,戎马倥偬,忠义至上,却难逃悲剧结局,但这一切,似乎是一种必然。因为不论是关羽自身,还是他所效力的蜀汉,以及那个残酷的时代,都无法使他得到更好的结果。

作为将领,荆州失守,关羽自是难辞其咎。

先说关羽自身,正如前文所述,他骁勇善战,忠贞不贰,在围困樊城时更是名震天下,但关羽确实不是一个完美的人,关羽的性格存在着明显的缺陷,那便是刚而自矜,骄傲自大,他的这种狂妄自大的性格,直接导致了很严重的后果。首先,造成了与东吴的不和。当时,东吴孙权主动提出和他结成儿女亲家,这本是一件两全其美之事,一方面能够巩固孙刘联盟,另一方面也能让孙权对关羽放心,暂缓收回荆州。但关羽不仅断然拒绝,还出言侮辱对方,导致对方直接对他生出仇恨来。另外,东吴人才济济,从周瑜、鲁肃到吕蒙、陆逊,无一不是文武双全,雄才大略,虽然当时周瑜、鲁肃皆已去世,但这位吕蒙,在这样的环境中能够脱颖而出,又怎会是鼠辈?这吕蒙虽然原本是个粗人,被人贬称为"吴下阿蒙",但在孙权的劝

诚与勉励之下，发奋用功苦读，迅速成长为一名有勇有谋的优秀将领。吕蒙之后，又有一位书生陆逊，得到了孙权的重用，但关羽一直藐视他，犯了"轻敌"这一兵家大忌。对内，关羽的这种性格也没能团结自己的同僚。在整个蜀汉，只有刘备和张飞与他恩若兄弟。他瞧不起"老兵"黄忠，嫉妒过马超，对待诸葛亮也不曾客气，导致同僚对他见死不救。若是和平时期，如此行事或许并不要紧，可在危机四伏的战时，便相当于给自己埋下了不少隐患。

除此之外，关羽的战略错误也不可忽视。诸葛亮临走前，曾经郑重地告诫关羽，要想使荆州安全，必须"联吴抗曹"，万万不可两面树敌。但关羽没有听从诸葛亮的告诫，面对东吴的主动修好，他断然拒绝；而面对北方强大的曹操，他更是轻率地发动樊城战役，这直接导致了他要同时面对两大强敌。

关羽自身的错误，只是这场失败的其中一个原因，另外一个原因便是对手过于强大。孙权和曹操通过前期不断地扩张，能够与刘备形成三分天下之势，说明三方都有着绝对强大的实力。当其中任意两个强大的势力联合起来，第三方必然失败。此前的赤壁之战，孙刘联军在军事上不占优势的条件下打败曹操，便说明了这个问题。孙权与曹操都是优秀的军事家，当他们看到刘备率军攻打四川，便发现了荆州空虚，又怎会放弃如此难得的机会呢？于是，曹操就派人联系孙权，约定由曹操出兵攻取汉中牵制刘备，孙权则乘机袭取荆州，事成后再平分荆州。孙权经过权衡，最终还是选择了背叛孙刘联盟，授权吕蒙正式启动夺回荆州的计划。

曹军中，还有一名智慧不输诸葛亮的谋士，这便是司马懿。即便战役开始时，关羽占尽了优势，但司马懿还是一眼就看出了问题的关键，在他的筹谋之下，曹军找到取胜的机会。他一针见血地指出，援军覆灭并不是关羽有多厉害，只不过是天予其便。而且司马懿指出了樊城的重要性，曹军一旦放弃这里，黄河以南几乎无险可守，所以无论如何，都必须坚守樊城。正是在他的主张之下，曹操坚决派援军到樊城与关羽决战。东吴方面，孙权等人看见关羽打了胜仗，自然十分忌惮，见到曹操派人送来的信，都认为夺回荆州的时机已经成熟。东吴作为关羽的老对手，将关羽的脾气摸得很透，便用计麻痹关羽，致使关羽下达了另一个错误命令，他将防御荆州的军队除留少数守卫城门外，其余悉数调往前线。

但荆州失守，最大的原因还是在刘备身上。当初，诸葛亮以"隆中对"提出了三分天下的设想。在这个战略思想的指导之下，荆州便是蜀汉最重要的战略要地。而诸葛亮的"隆中对"的一个致命弱点就是对荆州的重要地位认识不足，重视不够，这便给后来政治形势的发展和政治格局的形成带来了重要影响。荆州是图取天下必争的战略要地，因此，曹、孙、刘三方都倾尽全力争夺此地，甚至每当其中一方占据荆州时，其他两方便组成联盟与其争夺。而每当三方中的一方在抢夺中遭到惨败，不得不退出荆州龟缩他处时，荆州之争就会在剩余的两方中进行，直到完全被一方霸占为止。这一切都未被诸葛亮认

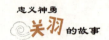

识到，更未被刘备所理解。既然荆州如此重要，刘备还将此地守备全系于关羽一身，又没有其他有力的补救措施，风险自然显而易见。当时，刘备和诸葛亮先后率荆州主力前往四川，就再未过问荆州之事。虽然关羽是刘备手下第一员大将，但刘备没有给关羽留下有力支援。

樊城战役前后，吴魏使者往来不绝，密谋夹击关羽，三方之间各种势力暗潮涌动，而刘备、诸葛亮对此却一无所知，对关羽未做任何具体的军事、后勤与外交的部署、支援。甚至吴魏使臣往来的时候，双方频繁调军，联手袭取了荆州，刘备与诸葛亮也没有高度重视，依然在益州按兵不动。对这样的反常现象，古今不少人都提出了自己的质疑，章太炎先生甚至提出了刘备实际上是想要借东吴之手，除掉关羽的观点，田余庆先生也提出了类似的疑问。由此可见，荆州之失，关羽败亡，刘备的失误是显而易见的，他当负主要责任。

另外，刘备虽然在关羽死时表现得十分悲痛，但没有给予关羽应有的待遇。关羽死后，刘备并没有及时给关羽应有的追封，而是直到后主时才追谥关羽为"壮缪侯"。

什么是谥号呢？谥号制度起源于西周，是人死之后，用一两个字对一个人的一生做概括性的评价。

谥号有两个特点：一是要能概括总结一个人的生平特点，符合这个人的为人；二是谥号是死后由别人评定的。

第二章　白璧微瑕关云长

与唐朝以后谥号泛滥不同，两汉三国时期，大臣的谥号是非常珍贵的，汉朝规定只有封侯的人才有得谥的资格，纵观整个蜀汉，获得谥号的也只有法正、诸葛亮、庞统、蒋琬、费祎、关羽、张飞、马超、黄忠、赵云等十二人，延续了两汉严格控制谥号的标准——"谥者，行之迹也；号者，表之功也"。因此关羽获"壮缪侯"谥号说明他为蜀汉的建立立下了汗马功劳。

那关羽"壮缪侯"的追谥是褒扬吗？一般来说，两个字的复谥要好于一个字的单谥。起初，谥号都是一个字，从两汉时期开始，皇帝的谥号逐渐变成了两个字，到唐朝时，谥号开始越来越长，巅峰时期，皇帝的谥号甚至能达到二十多个字，但对大臣的追谥一直维持在两个字以内。两汉四百多年，死后被追谥两个字的大臣，仅有萧何谥"文终"、张良谥"文成"、霍光谥"宣成"、马援谥"忠成"等寥寥十几人。蜀汉后主刘禅在追谥功臣时，仅有诸葛亮、关羽和赵云三人获得两个字的复谥。诸葛亮为蜀汉鞠躬尽瘁，赵云两次将刘禅从虎口中救出，自然受到了刘禅的特殊厚待，而关羽被追谥复谥，说明关羽在刘禅的心中有着重要的地位。两个字的复谥便说明刘禅肯定了他们为蜀汉做出的贡献。

两个字的复谥中，第一个字是对一个人的定论，属于主谥，第二个字是补充，对这个人的为人或者功绩进行补充评价，一般都是补充赞扬的。比如萧何和张良的谥号中的"文"字，是对两人的主要评价，萧何的第二个谥字"终"则是表示其有始有终，张良的第二个谥字"成"则是表示其有安民立政的功劳。

诸葛亮的"忠武"，赵云的"顺平"，都是双重褒奖的谥号。在谥法中，"文"优于"忠"，"忠"优于"武"，谥号一般都是"文忠""忠武"。谥法中"壮"字则表示威德刚武、胜敌克乱、好力致勇、屡行征伐以及武德刚毅等意思。很明显，"壮"的谥号是褒奖的意思，这是为了表彰关羽跟随刘备南征北战，为蜀汉立下了汗马功劳。而"缪"字则有"名与实不符""伤人蔽贤""蔽仁伤善"等不好的意思。这个字便不是褒扬了，说的便是关羽在樊城之战中，因为自身性格的原因，被部下背叛，使得东吴吕蒙抓住机会拿下荆州，致使蜀汉损兵失地的过错。如此看来，"壮缪"的谥号，属于一个褒奖，一个批评。由此也能看出，蜀汉对关羽的复杂评价。

可见，不管是在现在，还是在当时，关羽都是一个复杂的人，他有着卓著的功绩、鲜明的性格，也有着诸多让人惋惜的地方。

第三章

圣人的脸谱

第一节　红脸的关公

历史上的关羽，或许并不完美。但是，人们心目中的关羽是正义的，更是完美的。人们对关羽的喜爱能够从传统文化中找到证据。"关羽"早已经成为中华民族的一种集体情结，他的外在形象也如图腾一般，有着深刻的代表意义。

京剧是中国的一大国粹，我们在观看京剧的时候会发现，每一个角色出场，都有明显的面部特征，这种把鲜艳的颜色画在演员脸上的形式就是戏曲中特有的"脸谱"了。京剧脸谱，是一种具有中国文化特色的特殊化妆方法，每个历史人物或某一种类型的人物都有一种大概的谱式。在京剧的发展传承过程中，脸谱渐渐程式化，不同性格、不同角色、不同职业都有固定的颜色或形式。比如"红脸的关公""白脸的曹操"，只要演员画着特有的脸谱出场，人们便会马上辨认出演员所扮演的角色。

而这些脸谱的颜色都有着特殊的意义，比如，红色脸谱往往象征着忠义、耿直、有血性，典型代表便是"三国戏"里的

关羽。再比如,黑色脸谱通常表示性格严肃,不苟言笑,如"包公戏"里的包拯;有时候也象征威武有力、粗鲁豪爽,比如"三国戏"里的张飞、"水浒戏"里的李逵。白色脸谱表示奸诈多疑,比如"三国戏"里的曹操、《打严嵩》中的严嵩。类似的,还有蓝色脸谱表示性格刚直,桀骜不驯;紫色脸谱表现肃穆、稳重,富有正义感;金色脸谱象征威武庄严,常用在神仙一类的角色上;绿色脸谱表示勇猛、莽撞等。

那为什么京剧中的关公会有一张醒目的"红脸"呢?

我们先来讲一讲,关羽的脸是何时"变红"的。我们能肯定的是,历史上的关羽,绝非大红脸。关羽生活在东汉末年,卒于公元220年,距今已经有一千八百多年。有关他的历史事迹,记载最为系统、最为详尽和最为可信的是陈寿所写的《三国志》,而在这本书中,陈寿对关羽外貌的记载只提到了他的美髯,并没有提到他是大红脸。直到元代,关羽的红脸形象,才在民间传说中出现。在元代至治年间刊行的《全相平话三国志至治新刊》中,出现了"神眉凤目虬髯,面如紫玉,身长九尺二寸"的关羽形象,在后来的文学作品中,关羽便多是这个形象,尤其在现存提及关羽的元杂剧中,关羽的形象也大多是"面如重枣"。后来,人们所熟知的《三国演义》就是这样介绍关羽外貌的,说他"身长九尺,髯长二尺,面如重枣,唇若涂脂,丹凤眼,卧蚕眉,相貌堂堂,威风凛凛"。其中,"面如重枣"是说面色如重阳节的枣子,红得发紫。

第三章 圣人的脸谱

后来,为了还原文学作品中的关羽形象,在民间曲艺表演中,人们将关羽的红脸表现得更为直观。宋元时期,民间艺术的表现形式开始多样化,为了丰富表演形式,演员们开始涂面抹脸、脸谱化。南宋人耐得翁在《都城纪胜》书里说,凡是讲书、登台表演时都会用"正貌"来表现角色是"忠公"之人,也就是好人、正面人物。一般来讲就是脸上以红色为基调略描几笔,或者干脆就是红色。而用"丑貌"来表现奸邪之人,也就是奸臣、坏人,他们的脸谱基调一般是白色。这样做的目的是将人们对人物的评价、褒贬通过最直观的色彩表现出来。这样,只要人物一出场,观众就知道人物是好人还是坏人。这种表演方式很适合历史知识并不丰富的普通百姓来理解角色和剧情。在这种背景下,元代三国故事中关羽的脸色就变成了最直观的红色,此后民间戏剧舞台上的关公,就是红脸出场了,京剧因此有专门表演关公故事的"红生"戏。戏曲不但给人的印象最直观,而且传播范围相当广泛,红脸关公就这样走上了历史舞台,也走进了千家万户。

那关羽的脸到底是怎样变红的呢?在一些民间传说和民间平话艺术中,关羽变成红脸这件事有着十分离奇的神话色彩。据说,关羽年轻时白皮嫩肉,长相周正,而且为人正直,好打抱不平。某次外出途中,他忽然听见有人大喊救命。闻声赶去,只见一个纨绔公子正带着手下在强抢民女,这群恶棍还一棍子打死了女孩的父亲。关羽见状,路见不平,将这群恶棍砍杀殆尽。那公子一看不好,转身便逃,不料却被关羽追上一剑封喉。

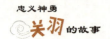

而关羽不知道,自己因此闯下大祸。被他手刃之人,乃是县官之子。县官听闻自己的儿子死在关羽手上,便四处追捕关羽。一天,关羽为躲避官兵而逃入一户人家。关羽正欲向主人道歉,却不想这户人家的女主人非但不怪罪关羽,还替他出主意。她让关羽上床装病,为关羽盖上被子后,还不放心,又杀了一只公鸡,把鸡血抹在关羽脸上,帮他乔装,为了使官兵认不出关羽,这女子又从自己头上剪下一把头发给关羽作胡须。不久,官兵果真搜查至此,掀开被子查看床上之人,并不是此前那个白面小生,乃是一个须髯过胸的红脸大汉,官兵们便无功而返。关羽得救后便与女子告别,离开这户人家,但没想到的是,他的脸从此被鸡血染红,再也无法洗掉,就连假胡须也无法去除,便成了红脸美髯的关公。至于这鸡血为何会洗不掉,传说是因为帮助关羽逃命的女子,正是神通广大的观音菩萨。

但这些传说只是在合理化关公的"红脸",并不能解释为什么从元代开始,人们就将关羽变成了红脸形象。究其原因,大致有以下几个方面。

其一,红色有着特殊的象征意义。红色在我们的传统文化中,一直与巫术文化的辟邪作用相关。尤其是中国人,对红色的特殊感悟由来已久。自古以来,红色就被认为有辟邪的作用,在祭祀、大型活动中被广泛运用。远古的人们就认为红色是鲜血的颜色,是鲜活生命的象征,红色的鲜血带有不可认知的神秘功能,使邪恶的东西不能伤害到它。而关羽在当时人们的心中,便是正义的化身,关羽本身就是驱散邪恶的正义使者,如此一来,关羽便拥有了代表正义的大红脸,他在人们的信仰中,成为一切邪恶都不能伤害的所在。

另外,"红"即为"赤",人们常用"赤诚"比喻人的忠诚之心。关羽的"大红脸"也是他忠诚的外在体现,在民间艺术中,为了让人更加直观地体会到他的赤诚,便采取了这种更直观的方式,就是以红脸代表红心。也就是说,关公的大红脸,是外在的象征性表现,而红心才是其内在的实质性内涵。

其二,关羽的"大红脸"还与汉室正统联系了起来。在中国古代,人们对王朝更迭的规律性认识还不清晰,于是产生了很多猜想。有的人会通过占星的方式预测王朝的未来走向,有的人则会将天灾以及其他自然现象视为特殊的预兆。在这些学说中,有一种便认为王朝更迭与中国古代阴阳五行学说相对应。在这种学说的影响下,人们认为每一个王朝都有其对应的五行,也有其对应的颜色,比如秦朝,对应五行中的木。按照古代儒家的"五德终始"理论,木火土金水五行,相生相克,意思就是说人世间的王朝与天命发展是相符的,王朝要顺天命而建,否则就会是短命的。因此汉朝在五行相生的关系上继之以火,西汉和东汉都是如此。刘备以"兴复汉室"为政治旗号,继承两汉建立蜀汉政权,自然对应的也是火,而火对应的便是红色,那些认为蜀汉是汉代正统的人便将关羽的形象与红色联系了起来。关羽的大红脸形象,就表明关羽的忠义,是对刘备所代表的大汉的忠义,而不是对当时混战的某一方的忠义。有一副歌颂关公的对联写道:"青灯观青史,手中青龙偃月;赤心辅赤帝,胯下赤兔追风。"此处的"赤心辅赤帝"便很好地解释了关羽大红脸的形象。

其三，这种形象受到了当时复杂宗教的影响。人们对红色的这种理解，并不是元代才出现的，之所以在元代时把关羽同这种理解联系起来，便不得不提到当时人们的信仰了。元代时，密教盛行，统治者尤其尊崇藏传佛教，而当时红面是元代神祇的普遍特征，关羽更是被藏传佛教视作"大战神"的化身，便因此有了元代藏传佛教神祇的统一特征——红面。

虽然关羽的红脸形象有一种夸张的怪诞，但作为中华民族忠义品格的完美代表，红色的脸谱就有了它的合理之处和可爱之处。

第二节　锦衣绿袍美髯公

除了红脸，关公还有一个标志性的特征，那就是他的长胡子。前文我们提到，关公的红脸，是直到元代才形成的脸谱，是后人出于对他的崇拜与期待而赋予他的标志。那作为外貌之一的美髯，到底是后人强加给他的特征，还是确有其事呢？

关羽有多重视自己的胡子呢？当初，刘备占领益州之后，对部下大加封赏，这一次，关羽被刘备明确赐予"董督荆州事"之职，而刘备在加封关羽的同时，也加封了马超。前文提到过，关羽觉得马超对自己构成了威胁，心里十分着急，特意给诸葛亮写信询问马超的具体情况。而诸葛亮十分了解关羽的性情，认为关羽"护前"，也就是爱面子，于是智慧十足地给关羽回信，安慰关羽。他说："孟起兼资文武，雄烈过人，一世之杰，黥、彭之徒，当与翼德并驱争先，犹未及髯之绝伦逸群也。"也就是说马超这人文武双全，且武艺了得，乃是当世少有的英雄，其勇猛程度，与张飞相当。但与关羽相比，还是差一些的。在这里，诸葛亮用"髯"来代指关羽，就是以关羽最引以为傲的特征代指关羽，这个特征便是关羽漂亮的胡子。关羽得到这个答案，高兴得不得了，一方面为自己的武艺才华感到骄傲，另一方面，他引以为傲的胡子也被肯定，大大满足了关羽的虚荣心。这里，足见关羽的胡须一定长得特别漂亮。

这漂亮的长胡子，还真是关羽最真实的特征之一。胡子对中国古人有多重要呢？在古代，男子汉大丈夫，常常被称为"须眉男儿"。巾帼不让须眉，也以"须眉"代指男性。面白无须的男性，被称作"小白脸"，为人所看不起。当时，男性都是通过蓄胡须来让自己变得符合大众审美的，因为那个时代审美的主流就是男人必须蓄着胡须。在秦汉时期男人都以蓄胡须为潮流，那个时候男人间流行的就是长胡须。但除了迎合审美主流之外，古人的心中有一种观念，那就是身体发肤受之父母。受到这种观念的影响，古人从出生到逝世都是不剪头发的，男人不但不剪头发，也不会剃掉自己的胡须。在他们的心目中，头发、胡须同样是身体的一部分，它们都是父母赐给自己的，如果擅自剪掉了自己的须发，那就是不孝顺父母的表现。一般古代的男人在自己的父母双亲去世之后，为了永远怀念自己的父母，他们还会特意地留长自己的胡须。而且，古人蓄胡须也是有规矩的，嘴唇上面的胡须是纪念自己的父亲，而嘴唇下面的胡须则是为了纪念自己的母亲。此外，在古人看来，剃掉自己的胡须和头发不仅是一种不尊敬父母的行为，也是一种带有侮辱性的行为。据说，有一年曹操带领着自己的队伍经过一个村庄的时候，他的部下踩坏了农民的田地，然而曹操在这之前就当着所有部下的面表明了自己的态度，如果这次出征会损坏老百姓的田地，他就会以死明志。在这种情况下，曹操为了让人们看到自己的决心，当机立断把自己的头发剪掉了，以此来代替军刑。此外，胡须也是身份和地位的象征，我国古代很多皇帝都会蓄胡须。因为皇帝一直都自称自己是龙、是天子，在人们的传统印象中，龙都是有着长长的胡须的，所以皇帝也会蓄起长长的胡须。就是因为胡须如此重要，在古代没有胡须的男人都是会被嘲笑的，有一类人是没有胡须的，那就是宫中的太监。在明代之前，太监一直都是皇宫里的仆役，在明代，皇帝设立了锦衣卫和东厂，所以就有了宦臣。宦臣也跟普通的大臣一样可以在朝堂之上进谏献言，如果普通的大臣不蓄胡须，那么他们就很容易被认成宦臣。所以，古代的大臣都会留着胡须，以此与宦臣区分。在东汉末年的时候，袁绍下令杀掉皇宫里的宦官，正是因为以胡须为判断标准，在整个过程中他的部下就杀掉了很多不长胡须的正常男人。

在《三国演义》中，关于关羽的胡子也有多处描写。讲到

第三章　圣人的脸谱

关羽千里走单骑来到荥阳时，太守王植想要暗害关羽，便派人安排关公住在馆驿里，准备入夜后派人放火烧死关羽。王植所派之人名为胡班，这胡班久仰关羽大名，却并不知其长相如何。等一切都安排妥当后，他忍不住想去看一下。手下人便指着关羽给他看，说，在正厅看书的就是关羽。胡班悄悄上前一看，正看见关羽左手捋髯，于灯下凭几看书。这一看不得了，胡班立刻被关羽的气势所折服，不禁失声叹道："真天人也！"小说中还有一个细节，便是曹操为了讨好投降的关羽，特地为关羽量身定做了一副纱锦囊袋。这个袋子正是送给关羽保护须髯用的。在关羽解了白马之围，替自己斩杀颜良之后，曹操还向汉献帝替关羽求得汉寿亭侯的爵位，曹操向汉献帝称赞关羽的功绩之时，汉献帝便称赞关羽"真美髯公也！"

民间传说里，人们也乐于赞美关羽的漂亮胡子，不少民间传说也对关羽的胡子进行了神化改造。清朝有一个关于关羽的神话传说，其中提道：关云长髭髯，内一须，长二尺余，色如漆，索而动。若自震动，必有大战。这里是说，关羽的胡子有二尺多长，漆黑柔顺，而且还有神奇的预警功能，如果这胡子在关羽没有行动的时候就震动起来，便说明将有大战爆发。传说里还提到，关羽在襄阳时，曾经梦到一青衣神仙，向自己告辞，这神仙号称自己是乌龙，长久以来，一直附在关羽的身上，借助关羽的力量来使自己变强壮，如今关羽即将兵败，他便先行离去了。说完，这神仙便化为乌龙，驾着云彩离开了。关羽还因为这场梦觉得奇怪，后来败走麦城，路遇围追堵截的东吴军队，天将亮时，关羽捋着胡须回忆这个梦，才算悟出其中的意义！

所以，在民间传说中，关羽的胡子代表了关羽超常的战斗力，有了这样的传说，关羽战神的形象便跃然纸上，经这样一演绎，连关羽的胡子都被赋予了特殊的意义和使命感，不得不让人对古人的想象力叹服。

除了胡须，人们对关羽外貌的细致刻画还有很多。在传说中，关羽是卧蚕眉、丹凤眼，这些都代表着我国古代对男子最理想的审美。此外，连关羽的衣着都被赋予了特殊的意义。不难发现，越是被人们广泛喜爱的传奇人物，就越是有着清晰的刻画细节，比如关羽在传说中，便常年都穿着一身绿袍子。

在《三国演义》中，作者曾经解释了关羽为何经常穿着绿袍。原来，最初关羽身穿的绿袍，是刘备命其夫人为关羽缝制的。关羽早年追随刘备南征北战，刘备却鲜有富贵的时候，关羽不但毫无怨言，还一直对刘备不离不弃，而刘备则始终将关羽当作兄弟对待，在刘备没有能力给关羽更多封赏的时候，便从身边小事来关心关羽。一件夫人亲手缝制的袍子，便将这一切都表现了出来。后来，关羽身陷曹营，曹操对关羽极好，他不但赏识关羽，还赏赐了许多好东西给关羽。曹操见关羽身上穿着的绿色战袍已磨旧、破损，因此就命人赠予其一件红色织锦的战袍，然而关羽因感念刘备的恩情，不忍将绿袍换下，又不想辜负曹操美意，便将曹操赠予的红色战袍穿在那件"绿袍"之内，表示既接受了曹操的心意，又不会改变自己的忠心。曹操得知后虽有不悦，但更加欣赏关羽的为人，称赞关羽为"天下第一义士"。这里，绿色的旧袍就体现了关羽重情重义的人物性格，突出了人物性格中"仁义"的部分。这种成功的设计被后人广泛沿用，不论是在文学作品中，还是在戏曲文艺中，甚至是关羽的各类雕像，关羽都始终以绿袍形象示人。

其实，若单纯因为刘备夫人给关羽缝制衣服，这袍子的颜色倒并不十分重要，但联系到关羽的红脸，《三国演义》将关羽的衣服设计成绿色便是有意为之了，绿色能与红色形成鲜明的对比和反差，既能让人产生十分鲜明的画面感，更借助这种对比突出关羽鲜明的性格色彩。关羽与其他英雄最不同的地方在于他性格刚毅，有着非黑即白的特性，一张枣红色的脸，当然要用对比最强烈的颜色来衬托，如此一来，绿袍便是最佳选择。

第三节　青龙偃月刀

关羽作为一名武将，当然离不开称手的兵器。而关羽的兵器，更是无人不知、无人不晓，那便是青龙偃月刀。

《三国演义》中，关羽所用兵器便是青龙偃月刀，作者对青龙偃月刀的描写也让人非常难忘，书中写道："云长造青龙偃月刀，又名冷艳锯，重八十二斤……云长舞动大刀，纵马飞迎。程远志见了，早吃一惊，措手不及，被云长刀起处挥为两段。"看了这段描写,谁能不为之一振?好一把让人见之胆寒、闻之心颤的神兵!

书中,关羽第一次以此刀立功便是在与黄巾军的作战之中,虽然杀的都是无名之辈,但英雄气概已然完全显现出来,正如书中诗言:"英雄落颖在今朝,一试矛兮一试刀。"便是用矛和刀指代张飞和关羽。随着故事的展开,关羽提着这把刀更是创造了三英战吕布、温酒斩华雄、斩颜良、诛文丑、单刀赴会等一系列光辉战绩。这刀更像是沾染了关羽的灵气一般,成为关羽精神的一个重要符号。

但历史上的关羽,真正用的是什么武器呢?后世有两种看法:第一种认为,实际上关羽所使用的兵器乃是矛,不是刀。因为青龙偃月刀最早出现在宋朝。《中国古代兵器》一书记载了这种兵器,书中说:"宋代的长柄刀有单刃的屈刀、偃月(掩月)刀、眉尖刀、笔刀、凤嘴刀、双刃的棹刀以及由戟演化而来的戟刀。"另外,有人认为根据《三国志·关羽传》的记载,关羽作为曹操派去的援军去解白马之围,虽未言明关羽用何种兵器,却明确写道关羽"策马刺良于万众之中",从"刺"这一动作来看,关羽用的应当是矛或者戟之类的兵器。若是用刀,陈寿更应该用"斩、砍、杀"之类的动词。而且,从考古发现来看,出土的汉魏时期的兵器中类似的长柄刀并不常见。

但也有人认为,关羽所用兵器,很可能就是类似的大刀。理由也很简单,"刺"这一个动词,无法否定关羽用刀这件事。另外,从考古发现的角度来讲,没有发现并不代表当时就没有,

第三章 圣人的脸谱

也可能是没有保存下来。同样是陈寿的记载，在《三国志·典韦传》中，也明确写道"韦好持大双戟与长刀"。另外，在《晋书·刘曜载记》中，记录了这样的事情：陇上有个叫陈安的壮士非常善战，他与人战斗，便会"左手奋七尺大刀，右手执丈八蛇矛"。可见，不但长刀并不罕见，张飞用的丈八蛇矛也不是虚言。

很多人认为青龙偃月刀的重量是在夸张，虚构的可能性很大，可《三国志·典韦传》中记载，曹操军中"帐下壮士有典君，提一双戟八十斤"。作为史书，陈寿的记载是比较可信的。

由此推断，关羽所处的时期，完全有可能出现由"环首刀"改进的长柄刀，加之当时战乱频发，武将们有骑马打仗的需要，为了适应战场需求而把刀柄进一步加长，也是完全有可能的。按照这样的思路，我们就能理解"羽望见良麾盖，策马刺良于万众之中，斩其首还，绍诸将莫能当者，遂解白马围"这段话了。刀身直体长身，和现在刀的样子有非常大的区别；直体长身且有刃，方便刺击；刃薄脊厚，方便砍杀。刺死颜良之后，顺势再将脑袋砍下来，是完全可以做到的。

关羽生活的时代战乱频繁，兵器是武将必不可少的，但当时主要的兵器都有哪些呢？青龙偃月刀到底算不算最好的兵器呢？当时的制式兵器主要有六种：近战短兵器有剑、刀、钩镶；步骑突击用的长兵器有矛、戟；冷兵器时代战争第一打击兵器弓弩。

最常见的一种便是剑。剑是一种以击刺为主要功能的短兵器，是中国古代最古老的兵器之一。先秦至汉初主要是青铜剑，西汉后为铁剑。剑在西汉后逐渐被环首铁刀所取代。相对于剑来说，环首刀出现得比较晚，是西汉后才出现的，在国内各地汉代考古发现中多有出土。军队作战时，步卒通常一手执盾（或钩镶）一手执刀砍杀。第三种便是钩镶。这是由盾演变而来的一种钩、盾结合的复合兵器，为汉代独有，通常与刀、剑等兵器配合使用。钩镶的出现是专为克制卜字戟而设计的。戟横出的小枝被勾束后，持钩镶者即可砍刺对手。汉晋以后，戟逐渐退出战场，钩镶也随之绝迹。也有人认为，"青龙偃月刀"很可能是宋人杜撰的，关羽斩颜良时用的其实是类似矛的刺兵器和环首刀。矛、槊、铍、铩等都是同一类兵器，用于刺杀敌人，适用于马战和步战。《三国志》记载："羽望见良麾盖，策马刺良于万众之中，斩其首还，绍诸将莫能当者。"基于这种观点，人们认为关羽杀颜良，是先用槊、矛、戟一类刺兵器将颜良刺于马下，再用环首刀斩其首而还。戟是两汉军队主要使用的一种制式兵器，是矛与戈的组装，具有刺、啄、勾、推等多种功能，马战、步战与车战都适用。因其形似"卜"字，故又称卜字戟，是汉军突击匈奴军队的主要利器。汉人按律 二十三岁入伍，骑士须学会骑乘无镫马作战，经历严格痛苦的训练后，才能手执长戟，冲锋击溃匈奴骑兵。汉末、三国最著名的骑兵军团为曹操麾下的五千"虎豹骑"。当时最先进的武器应该是弓弩。弓弩是古代战争中最强大的远程打击武器，也是战争中最重要的制胜兵器。分为弓射与弩射。弓射是弓与箭的组合，具有射速快，制作简易，既能步射又能骑射和车射的特点。中国古代的复合弓有效射程可达一百米以上。弩是在弓的基础上加装弩臂、弩机、悬刀、望山等装置，其特点是射程远，可达二百米以上，是汉军对匈奴的独门兵器与制胜法宝。它操作简单，易于瞄准，缺点是射速慢，张弩需要强大的上肢和腰腿力量。引满一石弩需27—30公斤力量，这对于现代常人都是很困难的，故而一般只适宜步兵使用。当时，弩的制作发明巅峰是诸葛亮设计的"诸葛连弩"，但至今尚无考古发现。据《三国志》记载："（诸葛亮）又损益连弩，谓之元戎，以铁为矢，矢长八寸，一弩十矢俱发。"郝勤推测，诸葛连弩既保持了弩射程远、精确度高、杀伤力强的优点，又克服了弩射速慢的缺点，因而有效提高了以步兵为主的蜀汉军队的战斗力。

除了武器的形制值得探究，青龙偃月刀的文化属性也值得我们思考。《三国演义》中，青龙偃月刀已经不仅仅是一种武器，也成为关羽精神的一种象征。书中写道，关公遇害之后，其魂魄在玉泉山大喊"还我头来"。山上的老僧普净抬头一看，空中一人骑赤兔马，手提青龙刀，左有一白面将军，右有一黑脸虬髯之人相随。此时的刀已经与关羽的形象紧紧联系在一起了，仿佛被关羽赋予了强大的生命力。让人只要一提起这个名字，就能在脑海中勾勒出一幅生动的画面：一个雄姿勃发、武艺高强、赤胆忠心的英雄，以其忠义、勇武立于世间，所到之处，刀锋发出凛凛寒光，仿佛能扫平天下一切不平事，给人以无限的胆量。

与青龙偃月刀一样，赤兔马也因此名垂青史。据《三国志·吕布传》记载,"布有良马曰赤兔"。这匹叫"赤兔"的马乃是当时骁勇战将吕布所拥有的优良战马,原本和关羽没有什么关系。可人们就是愿意将这一意象加到关羽身上,小说中说它最早属于董卓,董卓为了让吕布杀丁原,听了手下的话将它献给吕布。吕布被曹操杀了之后,这马归了曹操。曹操为了收买关羽,又赠给了关羽。因为关羽是真英雄,赤兔马是真良马。而赤兔这一形象也是当时不少良将的写照,他们生于乱世,才华卓著,难免成为被争抢的对象,正如赤兔之于关羽,只有良主才能更好驾驭人才,关羽是忠诚的义士,赤兔马也成忠诚的宝马。

有了宝刀与宝马,关羽叱咤风云的武将形象才能在历史的长河中屹立不倒,与他的脸谱、服饰一样,这两种物品所代表的精神,都融入了关羽的精神中,不可或缺。这些因素全部齐备之时,便形成了我们理想中的关羽——他手提大刀,身跨赤兔马,美髯飘飘,威风凛凛,脱胎于真实的历史人物,却又承载了中华民族近两千年来人们所期待的一切美德。作为一种精神,关羽文化已然成为一种不可替代的传统文化,而我们只需要通过上述简单的几个意象,便能联想到我们所崇尚的一切美好的精神,既让世人可以记住这样一个活生生的历史人物,又形成了一个具体的,可以承载中华民族精神实质的英雄传说。

第四节　夜读《春秋》的君子

中国人最理想的道德标准是什么呢？或许，这个问题谈起来很复杂，但有一个词语可以概括，这个词就是"君子"。对于具体什么是"君子"，或许我们很难说清楚，但是又能够迅速理解其中的含义。即便是提出这个概念的孔子本人也没有给出准确的定义，但他从不同的角度出发，对于君子有着不同的概括，比如"士""仁者""贤者""大人""成人""圣人"等，就是"君子"品质在不同领域的具体体现。概括来说，"君子"是中国古代最标准的理想化人格。我们虽然说不清楚君子的概念，但我们能很清楚地分辨出什么行为是君子所为，什么行为不是君子所为。

很明显，关羽便符合这个标准。在人们心中，他不但是个忠义的武将，更是个明事理、有韬略的人。比如，关羽酷爱读书的故事便广为流传。

供奉关羽的祠祀庙宇中供奉的关羽塑像多是头戴夫子帽，面色赤红，身着绿袍，一手捋长须，一手执《春秋》的形象，常见的关羽画像、造像亦然。可见关羽与《春秋》确实有着不解之缘，而他秉烛读《春秋》的故事更是流传甚广。

《春秋》是中国古代著名的历史类文学作品，又称《春秋经》《麟经》或《麟史》等。据说，孔子后来对《春秋》进行了修订。

后来出现了很多对《春秋》所记载的历史进行补充、解释、阐发的作品,其中的代表作便是后世所称的"春秋三传",包含《左传》《公羊传》《穀梁传》。因为《春秋》用于记事的语言极为简练,而几乎每个句子都暗含褒贬之意,所以被后人称为"春秋笔法""微言大义"。

因为《春秋》是中国古代儒家典籍"六经"之一,读《春秋》对中国古代读书人来讲便有着十分特殊的意义。关羽读《春秋》的故事便也代代相传,成为中国百姓耳熟能详的故事。虽然,不能因为关羽读《春秋》,便证明他是君子,但《春秋》绝对是表明关羽高尚品格的一个重要符号。

那历史上的关羽究竟有没有读过《春秋》呢?作为儒家经典,《春秋》在关羽生活的东汉末年,已在社会上广为流传。关羽所处之世,阅读《春秋》已经蔚然成风。魏、蜀、吴三国,喜欢读《春秋》的政治家、军事家屡见不鲜。当时,很多政治家、军事家读《左氏春秋》,主要是因为战乱频繁,他们希望从中借鉴有益的历史经验帮助自己取得胜利。关羽作为杰出的武将,与其他政治家一样喜爱读《春秋》,并不奇怪。虽然这一点,陈寿在所作三国史书《三国志》里并没有记载,但在刘宋时期裴松之所作的《三国志注》中写道:"羽好《左氏传》,讽诵略皆上口。"这里提到的《左氏传》便是"春秋三传"里的《左传》了。里面还从侧面提到,吕蒙夸奖关羽好学,说他读《左传》能够很流利地背诵。吕蒙是关羽的对手,这样的评价还是很高的。由此可见,关羽虽为武将,却不粗鄙,从关羽的军事生涯来看,关羽的军事思想也有很多可圈可点之处,想必与他喜欢《春秋》有关系吧。虽然爱读《春秋》并不是关羽一个人的爱好,同时期的将领们可能有人比关羽对《春秋》的理解更深,但关羽读《春秋》的故事,满足了人们对关羽既有武略,又有文韬的美好期待,便成为能够流传千年的美谈。

而后来,随着关羽在民间的崇拜者越来越多,后人对关羽读《春秋》这件事,进行了适当的艺术加工。比如,到了明代,关羽读《春秋》就更加"勤奋"了,出现了关羽"秉烛达旦读《春秋》"的故事,上文提到过,《三国演义》中,胡班领王植令欲用干柴引火烧死关羽时,就曾窥见"关公左手绰髯,于灯下凭几看书"。这就是流传甚广的"胡班窥羽"的故事,这段故事发生在关羽过五关斩六将时。

话说关羽被曹操擒住,死不投降,但曹操不忍杀死关羽,反而三天一小宴、五天一大宴,送金银珠宝不计其数。当关羽得知刘备在袁绍那里,便把曹操所赠之物原封不动地放在屋内,护送二位嫂嫂去袁绍那里找刘备。临行之前,关羽几次去曹操屋里找他,可曹操皆闭门不出,关羽只能不辞而别。关羽到了东岭关,孔秀查放行文书,可关羽走得太急,没要文书。孔秀说要留下关羽的二位嫂嫂做人质才放关羽通行。关羽为保护二位嫂嫂不惜牺牲自己的名节向曹操投降,孔秀此时提出的条件无疑是在向关羽挑衅。

关羽大怒,一刀斩了孔秀,得以继续上路。关羽护送二位嫂嫂来到了洛阳，这里的守将是孟坦和韩福，两人想要活捉关羽立功，便想出了诡计。双方对战时，孟坦带双刀来迎战关羽，战败便走，韩福本打算趁着关羽追击孟坦时用冷箭射关羽。但关羽马快，追上一刀把孟坦劈成两截。韩福此时射中了关羽，却不料关羽不顾自己的伤势，直接用嘴将箭拔出，又把韩福砍死了。过了洛阳，一行人又到了汜水关，守关将领是卞喜，他知道关羽勇猛，就把关羽请到早已埋伏好刀斧手的庙里歇息，不料一番筹谋还是被关羽发现，关羽解决了暗中埋伏的刀斧手，又把卞喜杀了。下一关，关羽一行来到了荥阳，荥阳太守王植是韩福亲家，韩福死在关羽手上，王植当然不能善罢甘休，于是，他假意招待关羽，热情地把关羽安排在府中，暗中安排了一千名士兵设下埋伏，想烧死关羽。

接到荥阳太守王植命令杀害关羽的人名叫胡班。此人虽不是大人物，却也有一副侠义心肠。听说关羽一路闯关而来，各关守将都不是他的对手，胡班便十分好奇，想要亲眼看一看关羽的庐山真面目。是夜，月黑风高，胡班摸到关羽休息的地方，准备下手。一切准备就绪，胡班还是决定先一睹英雄真容。透过窗户，胡班被眼前看到的情景所深深折服。只见房中之人自带一股浩然正气，虽然一路奔波劳顿，却没有一丝疲惫，这人竟然还在读书！只见关羽左手捋髯，凝神夜读，读到精彩处还会微微颔首。当时的情景，让胡班暂时忘掉了自己杀人的使命，不禁失声赞叹："这哪里是凡人？分明就是天神下凡啊！"他没有多想，直接从暗处现身与关羽交谈，决定助关羽平安度过汜水关。关羽固然勇武过人,也难免会有疏漏。稍有不慎,则可能难逃劫难。幸有胡班助力,才得以逃出生天。对于胡班来说,被关羽夜读的"天人之姿"所震撼,也是难得的机缘。这段故事的情节一波三折、扣人心弦,但最想要突出的还是关羽夜读《春秋》,每一个心中侠义之气尚存之人都会被这样的情景所震撼。

于是,在"过五关斩六将"的故事情节里,又多了一段佳话,胡班救了关羽,关羽斩了王植,才有了最后一战,黄河渡口,关羽斩了守关将秦琪,夺了船,历尽千辛万苦,终于到袁绍地界与刘备会合。

那一夜,关羽读《春秋》,感化了胡班,使恶徒悔过,而还有一段故事,体现的则是英雄的忠义。在《三国演义》第二十五回中,关羽带着刘备家眷投降曹操。曹操欣赏关羽,千方百计想要将其收入麾下,而关羽自始至终对刘备忠心耿耿,不肯投降,曹操这时心生一计,他想通过破坏关羽与刘备之间的信任来逼迫关羽就范。为了突出关羽的正直和曹操的奸诈,小说设计了这样的情节。

曹操让关羽与刘备家眷共处一室。在古代,男女之间是有着十分森严的礼仪规矩的。如果关羽真的与嫂嫂们共处一室,不但是对嫂嫂们不敬,更是对刘备不忠。如此一来,关羽自然会被刘备所厌弃,便只得投降曹操了。

但当时,关羽带着嫂嫂们投降曹操,若不听曹操安排,恐怕曹操对嫂嫂们不利,但若真的与两位嫂嫂共处一室,便陷于

不忠不义的境地。这一次,关羽用一本书打破了窘境。他让两位嫂嫂待在屋内,而自己则在门外秉烛读书,通宵达旦,读的便是《春秋》。曹操本就爱惜关羽的才华,见关羽如此忠义,也便更加佩服他了。

这种对关羽的崇拜,从市井小说延伸到了文人中间,唐代至元代,三国题材的咏史诗歌开始增多,到明代开始大幅增加。但是,在元代以前的三国咏史诗中,关羽和张飞一般都会并列出现;到了元代,人们将关注的重点放在了关羽身上;到了明代,诗人开始作诗咏叹关羽,诗人们不仅突出关羽的"万人敌"之勇,更咏叹关羽"好读《春秋》",将关羽塑造成了文武双全的儒将。

明代诗歌对关羽深明"《春秋》大义"进行了深入挖掘,使关羽成为践行"《春秋》大义"的典范,如"魏府缄金光日月,胡庄秉烛阅《春秋》"。还有很多诗歌将关羽誓死效忠汉室的忠义之行与其读《春秋》后领悟的"大义"相关联。如"志在《春秋》知讨贼,忠存社稷欲安刘""将军威武震华夷,志在《春秋》矢不移"和"偏向孤城轻一死,不虚平日看《春秋》"等。

即使关羽后来在樊城一役败北,不仅使蜀汉大势急转直下,也导致最后自己被东吴俘杀,诗歌还是对其赞颂有加。此外,还有的诗歌通过"夜读《春秋》"来突出关羽文质彬彬的儒雅品格。"有文无武不威如,有武无文不丈夫。谁似将军文而武,战袍不脱夜观书。"这首诗将"文之品格"与"武之战功"并立,除了赞颂关羽的文武双全,更是表达了中国古人对武将的最高期待。这些在史实的基础上衍生出来的故事和赞美，让关羽拥有了与其他武将完全不同的地位，他不但拥有忠义的美好品质，更拥有着不凡的智慧和仙人般的气质。关羽的形象由此被赋予了更多意义。

第五节　埋骨两处义绝四方

关羽让人着迷的地方，不仅在于其独有的性格魅力，更在于其让人惋惜的悲剧命运，关羽戎马一生，忠义无双，却于最辉煌时一败涂地，身首异处，实在让人扼腕叹息。

在我们中国的文化中，人的死也有不同的意义。对于那些得以安享晚年，自然而然死去的人，我们称其为寿终正寝；对于那些为了民族大义而牺牲自己的人，我们评价他们死得重于泰山；而对于那些做了坏事而死的人，我们通常认为他们是遭到了报应。但有一种情况，会得到最多的同情，便是一个人生前人生轨迹十分精彩，却死得非常凄惨。关羽便是这样的情形。

另外，我们对死者是十分敬畏、重视的，对祖先，我们会定期祭拜，表达哀思，祈祷得到祖先庇佑；对于英雄，我们会隆重纪念，表彰其功绩，铭记其精神；对于那些给国家民族造成重大损失的人，即使已经身死，仍然难逃骂名。关羽作为一位英雄，生前有着许多光辉事迹，又死得十分凄惨，因此，对关羽的祭奠也能体现我们的价值观念——我们敬重英雄，更同

情悲情的英雄。即便时间已经过去一千八百多年，人们仍然没有忘记关羽，仍然用国人特有的方式纪念关羽。

全国现有三处关羽陵墓：一是河南洛阳曹操厚葬关羽首级处，称为关林；二是当阳关陵，此处是按皇帝陵寝定制修建的陵墓，有清同治皇帝御笔"威震华夏"金字匾额一块；三是关羽故里山西解州衣冠冢，称为关庙。

关羽的前两处墓地，便是关羽"身卧当阳，头枕洛阳"传说的由来。故事还要追溯到建安二十四年（219年）。孙权巧袭荆州后，占据了江陵，吕蒙乘胜追击关羽。当时，吕蒙追至当阳，在临沮杀死了关羽。

"这个糊涂的吕蒙！"孙权一时间不知所措，竟然埋怨起吕蒙来。此时，孙权不但不高兴，反而深感不安。

"这关羽怎么可以如此轻易杀掉呢？这可如何是好？这可如何是好？"

身边人见孙权如此焦虑，一时间也不知如何劝解。

"主公，如今关羽已死，荆州收复，如此大喜之事，还有什么可担忧的？"

"糊涂啊！刘备与关羽感情深厚，如今关羽死在我手中，刘备必当大举报复。这荆州如今便是收复了，我又能安稳几时！"

"可荆州之役那曹操才是始作俑者，我东吴不过是顺势而为，他刘备怎能把这事怪罪到我们头上？若主公怕刘备报复，不如，我们将关羽头颅送给曹操如何？如此一来，刘备便是报复，曹操也脱不了干系！"

"如此说来……快来人，将关羽头颅送到洛阳去！"

于是，孙权不远千里，将关羽首级献给远在洛阳的曹操。希望以此讨好曹操，顺便将刘备的愤怒转嫁给曹操，以达到离间曹魏和蜀汉的目的。

"将关羽尸身厚葬吧！"为了安抚刘备，孙权又按诸侯之礼葬其尸骸于当阳境内。

"什么？"曹操看到关羽的头颅时，已经是在病榻之上了。曹操挣扎着起身，看见关羽血淋淋的头颅，竟然流下了眼泪。

"云长！你怎落得如此下场！"曹操难掩伤心，赶忙让人将头颅撤下。

"将汉寿亭侯的头颅厚葬了吧！"曹操收到东吴使者送来的关羽首级，悲痛万分，他本就十分欣赏关羽，如今见关羽惨死，不禁悲从中来。想到自己也命不久矣，曹操更加伤心了。

"孙权小儿！当真是狠毒哇！"此时，曹操也识破了孙权的离间之计，可事已至此，只得将计就计追赠关羽为荆王，刻沉香木为躯，以王侯之礼将关羽头颅葬于洛阳城南十五里之外，建庙祭祀，这里此后便被称为"关林"。

关林位于今天河南省洛阳市洛龙区关林镇。曹操在这里埋葬关羽首级已经过去一千八百余年，此处也变得环境清幽，早已不见了当年的悲凉。这里的建筑还因为特殊的建筑形式成为国内独一无二的经典建筑。关林前方为祠庙，后方为墓冢，为海内外三大关庙之一，在千百座关庙中独称"林"，是中国独

有的冢、庙、林三祀合一的古代经典建筑。

再说山西解州的衣冠冢,这里最集中反映的是人们对关羽的同情。

什么是衣冠冢呢?所谓衣冠冢就是坟墓中没有埋葬死者的遗体,而是以死者的衣冠等物品代替。人们为什么会给死者设立衣冠冢呢?其实衣冠冢是一种并不罕见的坟墓。在古代,有的人可能是在战场上被杀死,这样的人在埋葬的时候有可能找不到遗体,只能用死者随身的衣物来代替尸体埋葬;还有一种情况是尸体掩埋在别处,为了纪念死者,就在坟墓中埋葬死者衣冠。也有帝王将相,害怕死后被人盗墓,便以衣冠冢来掩人耳目,将真正的坟墓设在别处。

关羽在山西解州的衣冠冢就有一段神秘的传说。

传说关羽死后,因为身首分离,他的魂魄未能同身躯入土为安,其魂魄便游荡回了自己的家乡。在当阳玉泉寺覆船山附近,每到夜晚,月黑风高,便有人能听见阴风阵阵,好似有人在哀号。久而久之,传闻便不胫而走。有人说,那恐怖的怪声正是关羽在为自己鸣冤。甚至有人说,清清楚楚听到关羽悲切地大喊:"还我头来!还我头来!"人们虽然同情关羽,可还是因为这种恐怖的氛围惊恐不已,当地不少妇女儿童,听到这样的叫声,夜晚甚至不敢出门。在这样恐怖的氛围下,周围百姓常常难以安眠。当时,玉泉寺住持听说此事,便向百姓们承诺,自己可以劝解关羽,让关羽安息,也让附近百姓得以安眠。

某日入夜,又刮起了大风,阴风怒吼着穿过山谷,周围树木被摇晃得沙沙作响,别说妇女儿童途经此地会觉得恐怖,就连这位老住持都觉得脊背发凉。老住持当即定了定神,将手中禅杖立于身侧,口中念念有词:

"阿弥陀佛!来者可是关将军?"

老住持喊声刚罢,风声便再次响起,仿佛是在作答。

"关将军!你为何在此处盘桓,久久不肯离去?"

风声又急急响起两声,仿佛急于诉说自己的委屈。

"关将军一生为蜀汉立下汗马功劳,如今却身首异处,心中自是冤屈难平吧?"

"呜呜……"这风声,此时又变得低沉而悠长,如泣如诉。

"阿弥陀佛!关将军莫要执着于此,您一条性命都不惜献给蜀汉,又何必在乎区区一头颅?"

老住持如此一问,风声暂时停住了,也不知那风声是在思考,还是不想回答。

"您一生取过多少人头颅,仅过五关斩六将,便有不少不宁亡魂,他们又可曾向您索头?"

"呜……"风声竟然由此渐渐平息了。是呀,关羽一生桀骜,一颗丹心都献给忠义,从不曾计较自己的得失荣辱,又怎会纠结这样的问题?

自此，那恐怖的风声便很少再响起，当地百姓都深信这位英雄回来过，又无声无息地走了。从此，玉泉寺便成了关羽显圣之地。但人们对关羽的怀念从来不曾减少，据当地人说，关陵墓冢后，树林中的树木都没有树梢，这是上天可怜关羽，使人树相怜，以无头的树木来纪念关羽显圣。

真的是这样吗？当然不是，科学家曾经到这里做过研究，发现该处属雷击区，树长到一定高度，便会遭受电劈雷斩，才会出现树木没有树梢的现象。但在英雄的故乡，人们还是喜欢这一类传说，因为这样的方式，便是人们怀念关羽的一种方式。此外，关羽死后，刘备为了祭奠关羽，还在成都为其修建了一座陵墓，为其祭奠招魂。

在这个传说中，关羽死后的形象更接近一个心中有无限遗憾难以排遣，进而徘徊人间的厉鬼，但与其他害人的厉鬼不同，这厉鬼仍然是讲究道义的，这便是人们对关羽最大的认可。即便自身惨死，面对道义的审判，关羽仍然会选择正义的一方。这种精神气质，便是中国古代劳动人民心中最朴素的大义——不论身份如何，面对是非曲直绝不放弃原则。

关羽的悲剧收场，却意外地成就了一段"义绝四方"的佳话，不管是哪一处关羽的陵墓，从古至今从四面八方赶去祭拜的人络绎不绝。这无关鬼神信仰，只关乎人们心中对是非曲直的统一标准，关乎人们的普遍价值取向对关羽价值的评判。

当我们置身于幽静肃穆的关林,抑或威严雄壮的当阳关陵时,埋藏在心底里的正义感便会不由自主升腾起来,仿佛世间一切是非曲直都清晰起来,这就是关羽的悲剧结局给我们每个中国人带来的感动与震撼。

第四章

世代传颂的"武圣"

第一节 封晋武圣

关羽所处的东汉末年距今已有近两千年的历史了,当时战乱频繁,曹操、刘备、孙权手下猛将如云,关羽到底有何特别之处,为什么能在众多武将当中脱颖而出呢?俗话说"文无第一,武无第二",关羽一生并不是常胜将军,在同时期的将领中,关羽取得的战绩并不是最突出的,甚至最后落得兵败身死的下场。此外,关羽的性格也不完美,他骄傲、小气,得罪了身边不少同僚。但关羽身上有着一些品质承载了中华民族对武将的所有期待,让历代上至帝王、下至百姓都推崇备至。

从前文我们知道,关羽的故事最初是由陈寿的《三国志》记录下来的。而陈寿是什么人呢?

陈寿(233—297年),字承祚,是巴西郡安汉县(今四川南充市)人。他出生时,关羽已经身死,他所处的时代已经是三国时代了。他曾经先后效力蜀汉和西晋,是著名史学家。陈寿少时好学,师从同郡学者谯周,在蜀汉做过官,但当时,蜀汉并未修著史书,蜀降晋后,陈寿又在西晋做官,从这时起,他开始修史。晋灭吴结束了分裂局面后,陈寿历经十年艰辛,完成了纪传体史学巨著《三国志》。在这部史书出现之前,关羽也曾被东吴政权极力贬低,东吴广泛散布关羽的负面舆论,而曹魏史书中,关羽仅有的事迹也是将关羽作为曹操英雄形象的陪衬。而陈寿作为蜀汉故臣,在《三国志》中较为客观地记载了关羽的生平事迹,这才让关羽的形象有了基本雏形。

后来,关羽的形象和故事,经过了多个朝代的演变,才变成了今天的样子。

北朝是南北朝时期与南朝对立的北方政权,是一个由北方少数民族建立起来的政权,特别重视武力。北方游牧民族因地理条件、生存条件等而崇尚武力,由于南北方存在斗争,北朝统治者十分重视武备,讲武教战,即便在社会环境暂时和平安定之时,仍不忘推崇奖掖武力。除皇帝亲自主持的大规模讲武外,各部将领自行训练讲武更是十分寻常之事。由此他们十分看重关羽的勇武特质,在他们的认知里,关羽是"勇武"将领的典型代表,因此,关羽的战绩在北朝流传广泛且更为正面,而南方地区流传的关羽事迹,还是东吴政权宣传的关羽的"逸夫"形象。西晋灭亡不久,一系列战乱开启了北方汉民族的大规模南迁活动。随着永嘉南渡,北朝影响下的关羽形象,便正式地、成体系地流入南方。南渡以后的史学家开始更广泛地采集三国史事撰写历史,渐渐地,史学家们开始将关羽与"忠""义"等形象对应。就这样,关羽"勇武"精神的影响,在北朝时期被进一步放大,成为北朝君臣所崇拜的主要英雄,后来逐渐扩大到南方,人们在书写总结人物生平时,也常将传主与关羽相媲美，这种将传主拟作关羽的情况，一直延续到了隋唐时期，隋唐两代墓志中，称赞武将也常常将其比作关羽，在这时关羽和张飞也一同进入了庙祀，成为大部分民众心目中的勇烈英雄。

这种对忠义精神的宣扬，甚至受到了官方的肯定。在朝廷上，帝王们采取了册封的方式，将历史上的知名武将供奉起来，给他们封号，希望他们成为武将的榜样，教育官员、百姓为国效力尽忠。就这样，关羽成为武成王姜太公庙的陪祀，有了官方的封号和认可。后来的统治者们也纷纷效仿唐代统治者的方式，册封历代知名武将。北宋统一五代十国后，朝廷再次将关羽、张飞列入武成王庙供奉。也是在这时，关羽在国家祭祀中的地位逐渐稳固起来。

因为宋代是一个由武将发动叛乱建立起的王朝，为了防止武将叛乱推翻自己的统治，宋王朝建立起来后，统治者一直奉行重文轻武的政策，不断抬高文官的地位，削弱武将的地位和权力。但是，渐渐地，这种策略就产生了它的弊端，国家的武力渐渐衰微起来。宋真宗在位时，国家北部边境受到了少数民族政权辽国的威胁，辽国派兵大举向中原进犯，真宗不得不御驾亲征，经过艰难的抵抗，最终与辽国签订了"澶渊之盟"。此后，宋朝对外战争愈发不力，甚至被金国攻破京城，掳走皇帝，几乎覆灭，通过向金缴纳岁币，俯首称臣才得以苟延残喘。于是，宋代的统治者便通过册封武将来寄托希望，想要国家军事力量再次强盛起来，以抵御外侮，因此大肆颂扬关羽在历史上对蜀汉政权的忠心。所以，宋代是唐以来对关羽赐封较多的

第四章 世代传颂的"武圣"

时代,有七次之多。据《宋会要辑稿》记载,哲宗绍圣二年(1095年)即敕赐玉泉山关庙额"显烈";徽宗崇宁元年(1102年)封"忠惠公";宣和五年(1123年)加封关羽"义勇武安王";高宗建炎二年(1128年)封关羽"壮缪义勇武安王";孝宗淳熙十四年(1187年),封关羽为"壮缪义勇武安英济王"。宋神宗颁布了历代功臣祠庙封赐等级,确定了人神之分和加封顺序,其中,公、侯、王是对功臣的封赏,而真人、真君则是"神仙"封号。后宋徽宗加封关羽为"崇宁真君"。

到了元朝末年,地方实力派官员争斗不止,战争持续多年,深刻影响到元朝统治。在中央,元代帝位争夺愈演愈烈,国家的安定受到了极大影响。当时,皇位的有力竞争者们希望通过加封关羽,为自己继承帝位做好舆论宣传。元文宗时,对关羽进行了又一次册封,在自己即位的特殊日子,他选择关羽为自己助战,昭示其统治的合法性,元文宗天历二年(1329年),他又加封关羽为"显灵义勇武安英济王"。

元朝末年,元顺帝封王保保为左丞相和河南王,但是他为了争夺权力和军队不出兵镇压朱元璋等反元起义军,导致朱元璋实力坐大。在王保保和元朝各路军队混战之机,朱元璋于至正二十八年(1368年)讨伐元朝,并于同年建立明朝。元末,正是因为武将专权而导致皇权旁落,最终导致元朝灭亡。改朝换代教训深刻,使大明的建立者们意识到,以忠义勇武闻名的关羽是忠诚武将的重要代表,对武将们有着重要的教育作用。当时,虽然涌现出了一大批拥护朱元璋的将领,为明朝的建立立下了汗马功劳，但朱元璋还是不能完全信任他们，这正是基于元廷武将对皇帝离心离德而导致元朝灭亡的历史教训，同时也鉴于徐达、常遇春等人的忠诚而使明朝建立的现实，朱元璋对忠义之将更加推崇。在这样的背景之下，作为忠义化身的关羽，就得到了明朝统治者的特殊青睐。万历十八年（1590年），关羽的爵位首次由"王"提高到"帝"，被封作"协天护国忠义大帝"，既突显其忠义又突出其护国。并且，明朝政府将关羽定为武庙的主神，以此与孔子的文庙相呼应，在此之前，武庙主神还是姜尚。做出这一决定的皇帝是明成祖朱棣。朱棣发动了"靖难之役"，成功将自己的侄子赶下了王位，但兵变取得胜利后，他也更加看清了诸侯藩王割据的危害，出于稳定中央集权的需要，朱棣选择了关羽这个忠义良将来作为武庙主神以取代姜太公。

清代，清朝统治者对关羽的敬奉，早在关外时期就已经开始。努尔哈赤与皇太极都对中原文化有着浓厚的兴趣，在通过《三国演义》了解到关羽的神勇事迹后，对关羽产生了由衷的钦佩、崇敬。崇德八年（1643年），皇太极在盛京建立了关帝庙，还亲自书写匾额"义高千古"，赞扬关羽。清军入关以后，清朝统治者将明代祭奉关羽的旧例延续下来。顺治九年（1652年），敕封关羽为"忠义神武关圣大帝"。雍正在位期间，关羽父祖三代都被追封为公爵，雍正皇帝还命"天下府州县卫等地文武守土官，春秋二祭如文庙仪制，牲用太牢"。"太牢"是古代帝王祭祀的一种规格，猪、牛、羊三牲全备称为"太牢"。

第四章 世代传颂的"武圣"

乾隆十三年（1748年），又加封关羽为"忠义神武灵佑关圣大帝"，同时规定了祭祀的礼仪，关庙祭文要由翰林院来拟写，祭品由太常寺筹办，还特准将地安门外的关帝庙正殿及大门的瓦色改为纯黄琉璃，使其与孔庙一致。在嘉庆朝以后，清朝的内忧外患愈来愈多，各种反抗斗争此起彼伏，清朝的统治摇摇欲坠，于是他们也像明朝统治者一样，不断地赐封关羽，希望求得关羽的神助。嘉庆十九年（1814年），以"仁勇"二字赐封关羽，道光八年（1828年），在新疆张格尔战役中，清廷因为关羽多次显圣帮助取得胜利，再次加封"威显"二字。到了咸丰帝时期，清朝爆发了太平天国起义，局势更加动荡不安，在此期间，清廷统治者频繁加封关羽，希望能够借助关羽的神威保佑天下太平。咸丰二年（1852年），皇帝在关羽的封号中加入"护国"二字，次年又增加了"保民"二字，咸丰六年（1856年）再添"精诚"二字，咸丰七年（1867年）又增"绥靖"二字。再后来，到了同治、光绪两朝，赐封从未中断。光绪五年（1879年），清廷对关羽的赐封已经长达二十二字，全称为"忠义神武灵佑仁勇威显护国保民精诚绥靖翊赞宣德关圣大帝"，也称为"武圣"。

至此，清朝统治者对关羽的崇拜已经到达顶峰，关羽在中华民族信仰中的地位也最终确立，成了与"文圣"孔子并列的"武圣"。

第二节 武圣象征

有一个成语,最能集中反映儒家的主要学术思想,这个成语便是"内圣外王"。"内圣"指的是对国家内部的治理调和,同时也被认为是儒家学子对自身品格的修行依据;"外王"是指对其他国家和人民的政策、战略,而在个人修行方面,也是儒家学子处理人际关系的思想指导。"内圣外王"的意思就是自身或者内部要有圣人的才德,对外要施以王道。可见,如果能被称为"圣"便是达到了修行的最高标准了。在清代时,关羽成为"武圣",成为与"文圣"孔子相提并论的人物。可见,"武圣"关羽在整个中华文化中占据着极其重要的位置。

那么,"武圣"到底象征着什么呢?

说起"武圣",关羽并不是拥有这个称号的第一人。我国古代第一个被称为"武圣"的人是姜子牙。姜子牙(?—约前1015年),周朝开国元勋,中国兵学奠基人;曾被周文王拜为"太师"(武官名),辅佐周文王、周武王伐纣灭商,建立周朝,被尊称为"太公望"。到了唐代,唐太宗李世民尊其为"武圣",后来,唐朝统治者又追尊姜子牙为"武成王",并设立武成王庙,也就是武庙。

统治者册封武成王是希望国家能够文武兼备,遂将武庙的地位不断提高。当时文庙的主神是孔子,武庙的主神则是武成王姜子牙。对应的,文庙有亚圣孟子,武庙有亚圣张良;文庙

第四章 世代传颂的"武圣"

有颜渊、闵子骞等儒家十哲,武庙有白起、韩信、诸葛亮等兵家十哲。文庙有七十二子,武庙至宋也有了七十二将。到了宋代,宋真宗赵恒追谥姜子牙为"昭烈武成王"。此时,武庙形成了与文庙相似的祭祀体系。到了明太祖朱元璋时,修建历代帝王庙,将姜子牙迎回陪祀周武王,废除了武庙系统,自此武庙绝祀。

这第二位武圣,便是关羽了。对关羽的祭祀,在明代尤为盛行。明神宗于万历四十二年(1614年),敕封关羽为"三界伏魔大帝神威远镇天尊关圣帝君",继而又将关羽定为武庙主神,武庙与孔庙并祀。清世祖于顺治九年(1652年),加封关羽为"忠义神武关圣大帝"。

还有一位"武圣"便是岳飞(1103—1142年)。岳飞是南宋抗金名将,岳飞与关羽不同,属于文武双全的人物,古人对岳飞评价极高,认为他文武兼备,兼具"韩(信)、彭(越)、绛(周勃)、灌(婴)"之采,"诸葛孔明之风"(《宋史·岳飞传》)。岳飞所作《满江红》词,更是被后世所传颂。作为将领,岳飞所率部队被称为"岳家军",这支队伍以纪律严明、勇敢善战著称,而且在战场上颇具威名,每战必胜。金人曾经十分惧怕这支队伍,流传着"撼山易,撼岳家军难"的说法。岳飞与关羽的相同之处在于二人的结局都不圆满。由于宋代统治者惧怕战争,千方百计想要求和,最终宋高宗向金求和,岳飞被秦桧以"莫须有"罪名杀害。直到宋孝宗淳熙五年(1178年),岳飞被追谥"武穆"。宋宁宗嘉泰四年(1204年),岳飞又被追封为鄂王,追赠太师。宋理宗宝庆元年(1225年),改谥"忠

武"。到明朝的时候，明太祖朱元璋推崇岳飞，明神宗更于万历四十二年（1614年），追封岳飞为"三界靖魔大帝忠孝妙法天尊岳圣帝君"。自此，岳飞与关羽同时被封为帝君，建庙合祀。

我国古代十分重视文治武功，"武圣"的设置毫无疑问地彰显了武术道德、武术技艺和武术文化。三位"武圣"分别代表了中国古代对"武"的三重理解：姜子牙作为韬略始祖之化身，关羽作为忠信仁勇之化身，岳飞作为精忠报国之化身。通过三位"武圣"，我们可以看出，"武圣"所具有的显著特征有以下几点。

一是智慧。第一代"武圣"姜子牙是一位极富智慧的军事家，他曾垂钓于渭水之滨磻溪（在今陕西宝鸡境内），借钓鱼的机会求见姬昌，姬昌与姜子牙谈论后大喜，认为姜子牙是个奇才，二人一同乘车而归。姜子牙的智慧在唐朝以前的许多史料及文学作品中多次被提及。司马迁在《史记》中说："周姬昌之脱羑里，与吕尚阴谋修德以倾商政，其事多兵权与奇计，故后世之言兵及周之阴权皆宗太公为本谋。"确立了姜子牙中华民族韬略理论创始人的地位。1972年，从山东临沂银雀山汉武帝初年的墓中发掘出了《六韬》残简，与存世的各种《六韬》版本和本注相印证，证明了《六韬》一书是存在的，更证实了姜子牙在军事理论上的著述是真实存在的。他在军事理论、政治、经济方面的策略思想，都为后世子孙留下了不可磨灭的宝贵遗产，人们称他是兵家权谋思想的始祖。

中国古代的兵论、兵法、兵书、战策、战术等一整套的军事理论学说，就其最早发端、形成体系、构成学说来说，都始自齐国，源自太公，所以说太公是当之无愧的兵家宗师、齐国兵圣、中国武祖。可以说，没有太公的理论及其所创立的齐国兵家，就不会有如此博大精深、智谋高超、理论完整、源远流长、影响巨大的中国兵学理论学说。中国古代著名的军事家孙武、鬼谷子、黄石公、诸葛亮等都学习吸收了太公《六韬》的精华，太公的文韬武略广泛应用于政治、经济、管理、军事、科技等各个领域。

唐代，唐太宗即位后，外夷相侵，内患未除，政局动乱，国家面临着百乱待治、百废待兴的局面，为了达到"安人理国"的目的，唐太宗便自称是姜子牙的化身，在磻溪建立太公庙，他用这一举动告诉人们，他要像周文王一样访贤并重用姜子牙那样的贤臣，他后来果然得到了一大批治世理国的人才，终于实现了"贞观之治"。

唐玄宗为求国内安宁，需要像姜子牙那样披肝沥胆、呕心沥血、忠贞不贰、勤勉事主的人才，便于开元十九年（731年）敕令天下诸州各建一所太公庙，并要求以张良配享，在秋春仲月上戊日祭祀。每当发兵出师或各将领及文武举人应诏，都要先去太公庙拜谒。开元二十七年（739年），追谥姜子牙为"武成王"，姜子牙成为"武圣"；宋神宗熙宁五年（1072年），为抵御外寇入侵，宋神宗下令要求各军事将领必读《太公兵法》。

而关羽和岳飞二人同样在战场上表现出了超群的智慧，关羽斩颜良、水淹七军威震四方；岳飞在抗金过程中更是留下了

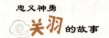

许多以智取胜的战绩。

二是操守。关羽是一个光明磊落、极为看重名节操守的人,虽然是武将,但他身上的品质体现的却是儒家的核心思想。我国自西汉时期,由汉武帝推行"罢黜百家,独尊儒术"的政策,儒家思想成为社会主流思想。东汉时,儒家思想已然深入人心,被全社会广泛接受。儒家学说强调"修身",重视道德修养,整个社会形成了一种崇尚德行的风气。当时,朝廷选拔人才的标准便是考察一个人的品格如何,即采用察举制度,由地方向中央举荐"孝廉"为主的各类人才。所谓"孝廉"就是孝子廉吏的简称。在这种风气影响之下,中国社会十分重视节操、品行,即便不是读书人,也认可这样的价值观念。这一点在姜子牙与岳飞身上也有集中体现。

三是善战。与"文圣"相对,"武圣"具有的最显著特征就是善战。不论是姜子牙、关羽还是岳飞,三人都是战场上的常胜将领,是集智慧和战斗力于一身的全才。"武圣"必然不能是只知道打仗的莽夫。我们中华民族对"武"的理解是十分深刻的,我国最具代表性的兵书《孙子兵法》便以"安国保民"为宗旨。其中,要求武将遵循的基本伦理原则是"恃守""善攻"和"慎战"。也就是说,合格的将领必须善战但不好战,必须有极高的武德修养,这一点对于当今的我们也仍然有着十分重要的指导意义,作为一个历史悠久的民族,我们从来不惧怕战争,但是我们对待战争的态度又是极其审慎的。与我国古代的道德标准相对应,武将们也要以"智、信、仁、勇、严""五德"为纲,远离"必死可杀""必生可虏""忿速可侮""廉洁可

第四章 世代传颂的"武圣"

辱""爱民可烦"的"五危"行为。在战争中，还要充分体现人道主义精神，通过"伐谋""仁战"以及"爱卒"和"善卒"等手段来追求"全胜"。我国古代的军事思想体现的是文武结合，"合之以文，齐之以武"，文武相济的治军方略，体现了"德治"与"法治"相结合；"文"者导之以"德"，"武"者严之以"法"。善用兵者，要重视环境对军人道德心理的影响，适时地创造出必要的军事环境，以激励军队士气，增强管理的有效性，加强内部团结，与前文提到的"内圣外王"的思想高度契合。

四是忠诚。关羽的"忠"主要体现在他对待刘备和蜀汉的态度上，作为弟弟他敬重兄长，作为将领他报效主公，作为臣子他效忠君王。因此，关公的"义"最是为人津津乐道。忠义仁勇，完全符合儒家的道德标准，更是中国传统社会文化心理中最具代表性的特征之一。这一点，在岳飞身上也有集中体现。比如"精忠报国"的故事，被传颂千年依然为人们所津津乐道。岳飞（1103—1142年），南宋军事家，民族英雄。字鹏举，相州汤阴(今河南汤阴县)人。他少时勤奋好学，并练就了一身好武艺。北宋末年，人民对常年发动战争的金国十分痛恨，纷纷自动组织起来反抗。十九岁时，岳飞投军抗辽。传说，岳飞临走时，母亲为了鼓励他，在他背上刺了"精忠报国"四个大字，岳飞将母亲的嘱托谨记在心，在战场上奋勇杀敌。可是，北宋一直重文轻武，导致朝廷上下有着严重的畏战心理。靖康二年(1127年)，靖康之变后，南宋朝廷偏安于江南一地，沉醉于歌舞淫乐之中，并未积极组织抗金。朝廷上分成了两派，秦桧等人主张议和，宗泽、岳飞、韩世忠等主张抵抗金军。岳飞带领

训练有素的岳家军进入中原后,给予金军有力的打击,受到中原人民的热烈欢迎。但是,外敌难以撼动的岳家军,遭到了南宋朝廷内部投降派的抵制,岳飞不得不班师回到临安。当岳飞回师后,便陷入秦桧、张俊等人布置的陷阱当中,遭诬陷"谋反",同时,宋金之间加紧策划和议,金人提出条件"必杀岳飞而后可和",在内外两股恶势力夹击下,岳飞以"莫须有"罪名被冤杀。岳飞死后二十年,绍兴三十二年(1162年),宋孝宗终于为岳飞平反昭雪。

姜子牙能够帮助周武王打败商纣王,最重要的原因是他对周武王无比忠诚,周武王将他当作了重要的伙伴。

"武圣"的象征意义是复杂的,蕴含了中华民族几千年来的战争智慧,更体现了中华民族各个阶层都认可的道德标准。与"文圣"对读书人的指导意义相对应,"武圣"更被广大劳动人民所接受。因为在古代,不是每个人都能够接受良好的教育,但即使没有办法拥有高于他人的文化水平,也能为国家民族尽自己的微薄之力,这便是"武圣"带给古代朴素劳动人民的最大安慰与教育意义。

第三节　武圣文化

什么是武圣文化呢？广义上是指关公的思想、道德、精神及其物质载体和社会影响的总和。在我们的生活中,我们可以

第四章 世代传颂的"武圣"

将关公文化看作关公的思想观念、道德品质、精神气质及其对社会精神生活的影响。

随着时间的积累,人们对关羽的喜爱渐渐拓展到了更多领域,关公文化对人们的生活也有着更加广泛、深刻的影响。

首先是军事上,古时候,兵家十分推崇关羽,凡遇到征战之事,都希望己方英勇善战,取得胜利。由此,人们便通过关公的传说来激励将士,战前他们一般都会祭拜关羽。

在民间文化中,关公也有着自己特殊的地位。比如关羽故里所在的山西,人们将他当作武财神来保佑自己的日常生活。山西曾经发展起一支强大的商人群体——晋商。他们靠着诚信为本的经营理念,将商业版图扩大到了全国范围,积累了巨额财富,形成了一股强大的力量。当时,由于社会一般不允许除佛道与神祠,以及皇家、士大夫以外的农、工、商阶层修筑较大建筑,晋商们便缺少合适的议事场所,于是,他们便聚集在关帝庙中议事,渐渐地,祭拜关公便成为他们商业活动中不可或缺的一部分。明清时,不同的晋商家族越来越深地参与政治,在政权更替、平藩平准战争等重大事件当中起到突出作用。他们通过军需贸易、边塞贸易的重大利差,成为明清中国第一大商帮,甚至有部分家族取得"皇商"资质。晋商在全国各大商业重镇开设会馆(三晋会馆、泽潞会馆、山陕会馆),而会馆之中往往供奉关羽,一方面是借助关羽的信义,维持商业竞争的良好秩序;另一方面也是标榜关羽的武力,以期求取商事活动的安全顺利。关羽由此作为武财神,被更多商人所信仰、供奉。

晚清民国以来，随着下南洋华人移民潮的出现，关公信仰也随之走向海外的华人社区，一座座关帝庙也成为移民在海外联谊、帮扶、维权的中心。关公身上那种被长期持续渲染的忠义人格、神武魅力，为每一个出门闯荡、远赴他乡的游子提供了绝佳的精神寄托。

这些行为渐渐成为一种华人所特有的文化，寄托了越来越复杂的文化内涵。人们开始对关公文化景观进行复建、新建。运城的解州关帝庙、常平关帝家庙、关帝祖茔、关帝汉城等一系列建筑形成了具有特色关公文化的景观群。更多的人从事关公文化研究，各地群众开始自发举办有关关公信仰的地方关公庙会、文化节、关帝庙供奉和祭祀仪式等活动，形成了独特的文化景观。

关羽就这样发展成为中国人心目中共同的信仰，百姓们对他的崇拜甚至不受任何地域的限制。人们大肆为其修建庙宇，开展祭祀活动。有些地方将敬奉关公的庙宇称为武庙，庙内将关羽和岳飞合祀。明时王世贞发现关帝庙遍布天下的时候，曾经惊呼："故前将军汉寿亭侯关帝，祠庙遍天下，几与学宫、浮屠埒。"明人吕子固在《谒解庙》诗中，感慨地吟咏道："正气充盈穷宇宙，英灵烜赫几春秋。巍然庙貌环天下，不独乡关祀典修。"反映了那个时代人们对关公的崇拜和敬仰，以及关帝庙遍布天下的盛况。到了清代中叶，仅京城之内，拜祀关公的庙宇，便多达一百一十六座，按每村建一座武庙算，清代全国的关公庙宇就可多达三十多万座。在京城内城九个城门中，就有八个城门口建有关帝庙,其中规格最高的当属正阳门城楼月城里的关帝庙。每次皇帝去天坛或先农坛祭祀后,回来时必来此庙拈香。位于承德避暑山庄正门西侧的关帝庙(又称武庙),是目前国内唯一现存的皇家敕建关帝庙。

在宋元明清社会中,"县县有文庙,村村有武庙",普通百姓对关公的崇拜甚至超过了"千古一圣"的孔子。关庙之多是其他任何神祇所不能比拟的,无论城市乡村,都建有关庙。许多农村中大村一大庙,小村一小庙,几乎村村都有,老百姓称关羽为"关老爷",称其庙为"老爷庙"。小贴士

民国三年(1914年),袁世凯把持的北洋政府曾在北京鼓楼西兴建关岳庙,将关公与岳飞合祀,祈望北洋军将领能像关羽、岳飞一样英勇善战,常胜不败。

如今,我国许多地方还保存着一些成规模的关帝庙。比如解州关帝庙,总占地面积二十六万平方米,为海内外众多关帝庙占地面积之最。再如,常平关帝家庙中,娘娘殿内有仪态端庄、神情淑静的关娘娘塑像,还有关平、关兴夫妇殿中的关平、关兴夫妇塑像,将关公文化中所蕴含着的家庭伦理道德内容,做了进一步的拓展与完善,即贤妻良母式的道德呼唤,以及子承父志式的伦理规范。关公故里"解州关公"铜像传承中国青铜历史,承载千年关公文化,融入关公故里纯正气脉,成为山西的文化名片,颇受社会各界青睐。

历史悠久、气势恢宏的古老关帝庙宇，也成为一条联系海内外中华儿女民族传统文化的精神纽带。在福建，东山县的铜陵关帝庙建于明洪武二十年（1387年），位于铜山古城中岵嵝山下，是抬梁式木构架建筑，面阔三间，进深六间。1663年，郑成功的儿子郑经撤离铜山归台湾，宁靖王朱术桂特地在王府内建造了从铜陵关帝庙分灵过台湾的关帝庙，庙宇仿效铜陵关帝庙形式建造。据澎湖红毛城关帝庙管委会王镜芳先生介绍，红毛城关帝庙早在明朝就从铜陵关帝庙分灵入澎湖，再由澎湖入台，衍播于台湾南部，称"文衡帝君"。清康熙二十二年（1683年）水师提督施琅率师复台后，官兵们把"铜陵关帝庙"的香火遍传台湾。清嘉庆年间，漳州平和县人林枫从铜陵关帝庙分香回乡并雕塑关帝神像。后来，林枫的后裔林应狮等人又亲自赴铜陵关帝庙分灵，渡海到今台湾宜兰县建庙，名为协天庙，成为台湾北部最早的庙宇，后来台湾各地都兴建关帝庙。近几年来，台湾各地关帝庙信徒纷纷组团前来铜陵关帝庙朝圣谒祖，敬献"追源谒祖"匾额。

清代以后，关公文化逐步发展，影响不断扩大。在少数民族地区，关公形象也与当地宗教信仰互相渗透、结合，形成了独特的崇拜现象。

关公崇拜在海外也有较大影响，在中国周边国家，如泰国、越南、朝鲜、韩国、日本等都有广泛传播，比如，越南在历史上也曾盛行关公崇拜；在朝鲜，关公形象经过传播与朝鲜文化融合。除此之外，关公的信、义，也被商界广为推崇，商人们甚至将关公奉为财神，奉行"以信为本，以义制利"的经营准则。许多商人视关公为诚信经营、注重信誉的榜样,在商业活动中也希望能够得到关公的庇佑。在广东潮汕乃至东南沿海地区,许多店铺都会摆放关公的神龛,人们还会在关公像前摆放香台、点燃红灯,每天对其烧香叩拜,祈求招财进宝,生意兴隆。印度尼西亚、马来西亚、菲律宾、新加坡等国家也都信奉关公,这些国家的商会会馆的建筑格局还完全仿照关帝庙的样式。旅美华人中有一个崇奉关公的民间组织,在全美各地的分会就有一百四十多个。

作为民间百姓供奉的神明,武圣信仰也演化出了一整套完整的祭奠仪式。比如,清嘉庆版《关帝圣迹图志全集》一书,就记述了民间祭祀关帝的时间、所献礼品、开展祭祀活动的地域及祭祀形式。在运城地区,每年祭祀关帝的活动多达四次,有以一村、一社或一族前往关帝庙祭拜的,也有一家一户祭拜的。公祭活动主要集中在农历正月十三和六月二十四,前者为关公升天日,后者为关公的生日。每到这两天,各种祭典活动隆重热闹,场面浩大壮观。从1990年起,每年十月(农历九月),运城人都要举行金秋大祭。他们结合运城地区民间祭祀传统,效法前人祭关大略,综合编排祀典,全部祀典分鸣鼓、迎神、行礼、奠玉帛、上香、进俎、行初献礼、读祝文、行终献礼、饮福酒、送神、望燎、献艺、礼毕十四项仪程;祭品用古祭最高的太牢规格(整牛、整猪、整羊);祭祀乐器有编磬、笛、管、埙、笙、琵琶、筝、鼓八音,所奏曲牌依明代所用"中和、宁和、寿和、豫和、熙和、安乐"六和之曲谱就;所献舞蹈亦仿效明时"文德之舞"和"武功之舞"构思编排。整个祭祀活动

规模宏大,庄严肃穆,使参加祭拜的海外客商和游人大饱眼福,满足了他们对关帝崇敬的心理寄托。

关公文化以其独特的魅力不断促进传统文化复兴、加强国际友好交往、维系文化认同、增进民族凝聚力、促进旅游开发、推广道德教化,越来越焕发出无可比拟的活力。

第四节 从人到神

前文我们说的是关羽成为"武圣"的过程。而关羽成为"武圣"并不是终点,关羽的身份,经历了"侯而王,王而帝,帝而圣,圣而天"的神话过程,最终,关羽变成了人们信仰的"神"。

对关羽信仰的官方升格发生在宋元明清的一千年间,是民间崇拜与官方推崇相辅相成的结果。北宋时期,关羽的成神封圣之路首先在武庙体系内升格,这一时期,关羽信仰在民间发生了很大变化。在关羽家乡河东郡解县,有一个著名的食盐产地,这里的食盐销往黄河流域中下游大部分地区,这就是解州盐池。本来,盐池生产颇为依赖光照、风吹与水渠。于是,这里的人们会在盐池生产活动中祈祷光、风、水等自然条件的改善。随着时间的推移,关羽逐渐出现在了人们的祈祷中,作为与风神、池神相当的保护神被这里的人们供奉起来。北宋年间,这里甚至产生了关羽大战蚩尤的传说,而传说中,关羽就是为了保护盐池生产而战。蚩尤是谁呢?蚩尤在"涿鹿之战"中败

第四章 世代传颂的"武圣"

给了炎黄二帝,自此,便成了我们祖先中的"反派角色",在很多传说中,他是邪恶的代表。人们由此将他与灾害、战乱联系起来,当人们在食盐生产中受到不良影响时,便将其与蚩尤联系起来。

北宋,先后出了宋真宗、宋徽宗两位推崇道教的皇帝,而"关羽大战蚩尤"的神话也正是出自北宋末年道教天师张继先之手。宋徽宗在张天师平定盐池水患后,钦赐关羽为崇宁真君,便是北宋朝廷与道教宗师合作来助力民间信仰升级的方式。随着金人南下攻入汴梁,宋金、金元、宋元之间的连续战争为关羽地位的抬升创造了条件,而南宋偏安东南的立国形势,使其一改隋唐、北宋以曹魏为正统王朝的态度,转而推崇同样偏安南方并且宣称是大汉延续的蜀汉政权。作为"蜀汉第二臣"与"蜀汉第一将",关羽自然顺势更加受到崇奉,由此获封"壮缪义勇武安王"。其中,"壮缪"二字正是蜀汉晚期给关羽上的谥号。当时与大宋为敌的金人,也尊奉关羽。自此以后一千年间,无论是金元、宋元、元明,还是明清、清与太平军,各路敌对政权、势力均以关羽为神,祈求武运,关羽开始成为跨越阵营的武神。

随着《三国演义》故事以话本、小说、戏曲等文学艺术形态大范围流行,奉蜀汉政权为正统,越发深入百姓的信念之中。万历皇帝加封关羽为"三界伏魔大帝神威远震天尊关圣帝君",堪称既往关公信仰的集大成者,"大帝""圣""帝君"已然达到中国古代神格尊号的顶峰。民间的《三国演义》与官方的"封圣尊帝"还在万历后期影响了东北亚地区的军事、经济、

外交活动,影响了后金(清朝)、李氏朝鲜与战国时代的日本。自顺治皇帝赐号"忠义神武关圣大帝"之后,乾隆、嘉庆、道光、咸丰、同治、光绪诸帝先后为关羽加封尊号。

除了国家层面对关羽战神形象的塑造,民间口耳相传的传说与民间信仰的崇拜也对关羽战神形象的形成具有重要作用。民间传说就其性质来说是非主流的一个系统,但是关羽传说对关羽战神形象的形成是具有非常重要的作用的,关羽由人到神的塑造历程可以分为厉鬼形象、鬼神形象、战神形象和全能神形象。

在宋元时期的话本中出现了大量描述关羽神化的情节。人们在隋唐时期关羽形象的基础上,不断给关羽的人生增添神异的色彩,推动着关羽形象神化的发展。宋元时期的诸多作品中都涉及了关羽形象的神化,尤其是《至治新刊全相平话三国志》,在介绍关羽死亡时写道:"关公出战,两国夹攻。关公在荆州东南,困于山岭。落后数日,大雨降后,说吴、魏两国官员至荆州,言圣归天。"这段话记叙了关羽战败死亡的最后经历,"言圣归天"是对关羽死亡的总结。"圣"是人们对所崇拜事物的尊称,也能体现时人对关羽的崇拜与认可,是对关羽的最高肯定。关羽并非《三国志平话》的中心人物,但仍有很多情节是围绕关羽展开的,如关公袭车胄、曹公赐云长袍、关公斩蔡阳、古城聚义等。其中部分情节并非正史记载,而是说书人为了增加故事的趣味性而创作的,极大地促进了关羽形象的传播,更利于关羽优秀品质的发扬,深受人们的欢迎。而且《至治新刊全相平话三国志》中首次记载了关羽的第二个儿子——关索。宋代之后，便有很多文学作品都承认了关索的存在。

在《三国志》文本中，我们能看到的对于关羽之死的描述，其实更接近战死疆场："权遣将逆击羽，斩羽及子平于临沮。"我国古代，对于战死疆场的将士，百姓往往会在其战死处、葬身处自发举行一种祭祀，以防战死之名将化身"厉鬼"扰乱一方。在关羽人生最后的奋战处，临沮（今湖北远安一带）、当阳（今湖北当阳）、江陵（今湖北荆州）逐渐形成了以当阳玉泉山为中心的信仰圈，这便是关羽成神封圣的第一步。

关羽由人到神的形象演变经历，与民间传说中那些从人成神的历史人物没有什么区别。他们死后，人们出于对鬼的害怕，以及出于感情回忆、纪念，再加上传统鬼魂观念的影响，而演绎出厉鬼形象的传说，民间信仰的功利性使民众往往向鬼神祈祷以避免灾祸，得到保护。随着时间的推移，可怕的厉鬼形象开始转变为忽鬼忽神的状态，这时的鬼神具有令人可怖的法力，最后随着传说内容的修饰和传播广度的增加，鬼的特点逐渐消失，神的形象则完全留在民众的印象中，随着人群的膜拜，其神的形象和神格最终确立并得到扩大，成为神格更多的全能神。到了北宋末年，关羽的形象就有所改变，具有了保护神的形象。在金人南侵之后，关羽形象具有抗击外敌入侵的精神象征作用。到了明清时期，关羽的战神形象已完全确立，同时还成为全能神，既可保护百姓，又可护佑王朝打击外敌，还能降妖除魔、治病救人。古时，百姓没有言论自由，关羽后来也成为一些人的代言人，把他们的疑惑、怀疑都表达出来。如《新齐谐》中有一个"成神不必贤人"的故事。据说，有个名叫李海仲的秀才，他有个姓王的邻居。当年遇到饥荒，因为饥寒所迫，王某只得去盗墓，用挖出来的陪葬品换取生活物资。但是盗墓在古代是大罪，王某最后被官府抓获判斩。王某变成鬼后却没有离开人间，而是与李秀才一同去往京师。王某此行，专门为了报复贪财之人。二人回乡时经过宿迁，这鬼便同李秀才说："这村里在唱戏呢，我们要不要去看看？"一人一鬼便来到了戏台前，一连看了数出，这鬼却突然不见了。李秀才只听见飞沙走石之声大作，以为要下雨，便回船上等待这鬼。到了天快黑的时候，这鬼才归来，身上还穿着华服，他对李秀才说："我不回去了，我就在这地方做关帝了！"李秀才大吃一惊，问道："你怎么能做关帝呢？"这鬼说："这世上的观音、关帝等神仙，其实都是鬼冒充的，之前咱们在村里看到的关公戏，便是一鬼假冒的关公。可这鬼生前所犯的过错比我可恶多了！让这种鬼来做关帝，我怎么能忍，于是我跟他大战了一场，把他赶走了。你听见的飞沙走石之声，正是我们在打斗。"于是，李秀才便独自还乡了，还替王某给他的妻子带去了银钱。还有很多类似的传说，正是古人希望通过关羽的形象，让更多的普通人成为正义的化身，完成惩恶扬善的使命。此类传说故事有很多，如嘉靖年间"救张妪获生"的故事，关羽解救被鬼劫持的老妪张氏。《嘉定捍倭庙记》记载倭寇从海上破城之际，关羽因县民祈祷而显灵杀退倭寇，使官民得到拯救，甚至连朝鲜也有类似记载。

《广平府御水患》写的是关羽凭其勇武神力踢物救人的故事。不过明清时期关羽作为武庙的正神,其显灵助战抗倭的记载最多,可知当时的关羽在民间传说的塑造下,其战神形象已然确立。

关羽去世之后的神化之路,其实在某种程度上也能看出自汉代以来中国传统神话史与文化思想史的部分变迁历程。关羽之所以能够获得如此殊荣,自是其人生中所表现出的忠、义、武、勇完美符合以儒家为核心的中华传统文化之追求,获得士农工商、儒佛道巫的全面推崇。

第五节　武圣故事

自从关羽成了人人敬仰的"神",他便有了更多的传说与"神迹"。明代关羽作为战神的表现之一就是在与倭寇的作战中,关羽多次显灵相助,打败倭寇,保护明朝军民。

明代中期的嘉靖和隆庆时期,日本倭人劫掠我国东南沿海地区事件频发,沿海居民将他们称为"倭寇"。为了抵抗倭寇的劫掠和骚扰,明朝廷组织我国东南沿海军民开展了英勇的抗倭斗争。由于倭寇多是日本武士、浪人以及海盗,所以他们武功高强,极其狡猾,手段残忍,给沿海居民带来了极大的损失和恐惧。明朝统治者对倭寇问题也十分头疼。这时候,出现了一位抗倭名将,叫戚继光。他不仅有着丰富的海防经验,还发

明了许多专门针对倭寇的新武器、新战法。为了能够鼓舞将士们勇敢对抗凶残的倭寇,他便想出了一个有效的办法——假借关公托梦鼓舞己方将士。

某日,戚继光将军一起床便将身边将领都召集起来,对他们说:"昨夜,我做了个怪梦,也不知是何意思,你们帮我分析分析。"古人认为梦境是有着特殊含义的,往往能够帮助人们做出更加正确的决定。

"将军可将所梦内容讲给属下。"众人听戚继光这样一说,便都起了好奇心。

"梦中,有一红面将军告知我,今日出征尽可放心,他已经带领天兵天将来给我们助战了。"

"红面将军?天兵天将?将军可记得这将军有没有说自己是谁?"

"记不清了,只记得那将军手提一柄长刀,胯下一匹红马……"戚继光故意将语速放慢,好像在回忆梦中场景一般。

此时,众将领中有人恍然大悟般叫出声来:"红面红马,那不就是关公吗?那长刀不就是青龙偃月刀?此梦大吉呀!"还未等戚继光表示赞同,人群中已经炸开了锅!

"大吉之兆!大吉之兆!"关羽出现在将军梦中的消息不胫而走,将士们个个备受鼓舞,出征时更是有如神助,一个个神勇无比。倭寇们见到戚家军个个杀气外露,仿佛换了人一般,竟然生出几分恐惧来!戚继光最终带领将士们战胜了倭寇。

后来,为了能够给将士们更多的精神抚慰,戚继光还在广东潮汕地区的南澳岛上建立了关帝庙,来庆祝一次剿灭倭寇的重大胜利。在戚家军的影响下,这里的民间也渐渐兴起了对关公的崇拜。

在浙江的余姚市曾有传说,倭寇曾多年骚扰当地军民,百姓深受其扰,便到关帝庙祷告,果然在祷告之后取得了抗寇胜利。在舟山也有传说,嘉靖三十三年(1554年)春,守城防御的士兵在巡逻途中困倦不堪,便在巡逻中小憩,半梦半醒中,见到一神明催促自己快点继续巡逻,此人马上惊醒,果然发现倭寇正欲翻越城墙,这士兵便用弓箭射向倭寇,倭寇见偷袭不成,便仓皇逃走了。在高邮也有这样的传说,嘉靖年间,倭寇进犯高邮城,时关公在阵前现出高达丈许的金身,倭寇见状吓得仓皇而逃。嘉定当地的记载则更详细,在嘉靖三十二年(1553年),倭寇的船队突然出现在海上,直逼东门。当时,城墙还未筑起,百姓以土垒起工事来守城,城门外有上百间仓库,倭寇便趁着东风放火来攻,火势已经殃及百姓,火光冲天。浓烟熏得守城的军民睁不开眼睛。这时,倭寇便想乘虚而入,攻入城内。当时的县令万思谦见情势危急,便大声呼叫关公,并不断叩头祈祷。祈祷声刚落,不想风向立即反转。当时,一名倭寇已经跨越了工事,就要冲杀进来,当地百姓并没有擅长射箭的人,大家都害怕极了。这时,郡简校张大伦偶然间经过此地,举箭便射向倭寇,他一边射箭,一边向关公祷告说:"关公若此次想要救城内十万百姓,请让我一箭射穿这倭寇的咽喉!"这一箭竟然真的贯穿了倭寇喉咙,倭寇当场毙命,其他倭寇见

状,立刻作鸟兽散去。在太仓也有这样的记载,在嘉靖三十二年(1553年)到嘉靖三十三年(1554年)间,倭寇起了内讧,本欲袭扰百姓,却仿佛被摄去魂魄而自行退去了,众将士都觉得这便是关公的庇护。诸如此类关公显灵的故事,不胜枚举,这给了东南沿海军民极大的鼓舞,乃至后来倭患平定,大家对关公的信仰更加坚定了。

清朝时,关公显灵的传说更是越来越神乎其神了。1792年,廓尔喀人入侵西藏,清廷派大将军福康安率军平叛。战斗中清军如有神助,七战皆捷,将士们纷传关公显灵。战后,福康安便在拉萨建起关帝庙,感恩关老爷保我疆土、护我臣民。关公之佑远达万里之外,当然是虚渺的,但官兵心目中期望的关公庇护,则可能是真实的。初时,来此礼拜的多为驻藏官兵、内地商贾僧众;后来,来此朝拜的藏族百姓也多了起来,一时香火颇盛。久之,蜀汉关公与藏族英雄格萨尔王相提并论(在藏族人心目中,关公就是格萨尔王的化身),关帝庙也被称作"格萨拉康"(格萨庙)。庙中用来抽签占运的签文,也加上了藏文。在这里,关公之义就是一种庇国护军之义。关公文化在雪域高原传承,似乎超出常识,但也说明在家国大事上,爱国之义遍及各民族。

这一时期,关公的传说也出现在其他国家。朝鲜对关公的了解是从《三国演义》和抗倭战争开始的。《三国演义》最晚1569年(明朝隆庆三年)传到朝鲜,但当时的朝鲜人对此并不重视,并且认为其中尽是一些怪诞之事、无稽之谈。但在1592

年的抗倭战争开始之后,朝鲜民众便开始信仰关公。在明代援朝将领陈寅的提议与组织下,朝鲜建造了第一座关公庙,称为南庙。韩国关庙建于汉城(今首尔),这座关帝庙还有一则关于关公的传说。据说,明万历二十年(1592年),日本出兵侵略朝鲜,造成了"壬辰倭乱"。后来,明廷应朝鲜国王之请,派军支援,与日军屡屡激战。万历二十五年(1597年),明军守汉城,日军来犯,双方对阵正陷入苦战之际,忽然关公显灵,骑着赤兔马,在半空中把青龙偃月刀一挥,削去了大片山头,同时狂风骤起,飞沙走石,袭向日军。明军见状,士气倍增,奋勇冲杀,终于击败日军。

随着百姓对关公信仰的复杂化,关公的传说也出现在了其他领域。

关羽渐渐成为百姓争取正义的守护神,"露水龙转世为关公"的故事讲道:天帝派天神下凡视察收成,当地收成不错,但是,当地人不珍惜粮食,还对天帝派下凡的天神出言不逊,天帝得知后,命龙王三年不给这里的人下雨。三年之后,天帝又派人来检查这里的收成,发现这里不仅没有人被饿死,而且连年丰收。原来,天帝下令干旱三年之后,露水龙就怀着恻隐之心,调动了大量的露水,井涸三里,河涸十里。因此,这里连续三年获得丰收。露水龙犯了天条,只好做转世的打算了。这转世的神龙,便是关公。

袁枚所著的《新齐谐·城隍神酗酒》中记载,杭州沈丰玉被同伴袁某戏弄,被误认为是大盗沈丰玉,鬼差因此将他锁到了城隍庙中。恰好这时候城隍神与夫人都喝醉了酒，不辨真相，便将这沈丰玉一顿棒打后押送大牢。途中，路经关帝庙，沈丰玉便高声叫屈。关公听到后，便把他唤入庙中，让他说明事情的原委。听了沈丰玉的陈述，关公为他主持了公道："看你这谈吐，并不是江洋大盗，一定是秀才沈丰玉，城隍神怎可醉酒审案？要给这城隍神治罪才行。袁某将人命当作儿戏，宜夺其寿……沈秀才受阴杖，五脏已伤，不能复活，可送往山西某家为子，年二十登进士，以偿今世之冤。"待关公判完了案子，押送沈丰玉的鬼役惶恐叩头而散。沈丰玉仿佛做梦一般，醒后觉得腹内痛不可忍，三日后便死了。死前他将梦中之事告知了同伴袁某，姓袁的听说了这事，慌忙辞官逃跑，却在不久后吐血而亡。

有趣的是，关羽作为神，不但保佑人们，还反对人们盲目崇神求仙。如《新齐谐》记载，在绍兴有个钱二相公，他专心修炼神仙炼气之术，能足不出户，用元神遍历十洲三岛。因此，他也遇到不少妖魔。妖魔害怕他成仙，于是便聚集起来攻击他。妖魔趁其打坐时，把他的身体放入大瓮中，把这大瓮又压在了云门山脚下。钱家失去相公，还以为他真的仙去。哪知道半年后，钱二相公回到家中，与家人讲起了自己的遭遇："当日，我在瓮中，突然有红云闪现，正是伏魔大帝关公从西南来。我大声呼冤，将那些妖魔的罪状告诉了关公。可没想到关公却说：'作祟诸魔，诚属可恶。然而你不顺应天地自然的规律，反而妄想着得道成仙，也是该罚。'"说完，关公放了钱二相公回家，这人回家后便也不再妄想成仙了。

可以看出，成了神的关羽，其实是百姓们善良品质的化身，他行使着神的职责，更多是教育人们不要迷信权威，不要无端作恶，迷信神明更不可取。有了关羽这样一个全能的神，百姓们似乎可以做更多平时不能做的事，也能得到更多的保护，也正因为如此，越来越多的人信仰关羽，崇拜关公。其实，这并不是对神的信仰，而是对正义、对忠诚的信仰。

第六节　武圣之忠

从唐代开始，关羽的"忠"便备受推崇，唐代为何如此崇尚"忠义"呢？这还要从另一个故事说起。

唐朝后期的节度使制度，使整个国家陷入了军阀作乱、地方割据的局面。唐代时，有个著名的书法家，叫颜真卿，他不仅是当世名臣，也是一位忠义之士。颜真卿出身名门，家族是大名鼎鼎的琅邪颜氏，由于家学渊源，颜真卿于唐玄宗开元二十二年（734年）登进士第，历任监察御史、殿中侍御史。后因得罪权臣杨国忠，被贬为平原太守，世称"颜平原"。

平原郡属平卢、范阳、河东三镇节度使安禄山的辖区，当时安禄山谋反的迹象已显露出来，颜真卿便假托阴雨不断，暗中加高城墙，疏通护城河，招募壮丁，储备粮草。表面上每天与宾客驾船饮酒，以此麻痹安禄山。安禄山果真认为他是个书生,不足为虑。天宝十四年(755年),安禄山终于按捺不住狼子野心,以讨伐杨国忠为借口,在范阳起兵,史称安史之乱。当时,河北郡县大都被叛军攻陷,只有颜真卿的平原城防守严密,他还派人骑快马到长安向玄宗报告。玄宗起初听到安禄山反叛的消息,叹息说:"河北二十四个郡,难道就没有一个忠臣吗?"等到颜真卿派的使者到京后,玄宗大喜,对左右的官员说:"我不了解颜真卿的为人,他做的事竟这样出色!"另一边,颜真卿聚拢了平原郡三千兵马后,又增招士兵一万人,任用勇猛的将领统领军队,在城西门盛大地犒劳士兵,颜真卿慷慨陈词,振奋军心。叛军攻下洛阳后,派使者将唐军将领的头送到河北示众。颜真卿担心大家害怕,又巧妙稳定军心:"我一向认识李憕等人,这些头都不是他们的。"他命人杀了来使,又把三颗头藏起来。过了些时候,他命人用草编做人身,接上首级,装殓后祭奠,设灵位哭祭他们。此时,颜真卿的堂兄颜杲卿任常山(今河北正定)太守,杀了叛军将领李钦凑等人,清除了土门的敌人,十七个郡同一天自动归顺朝廷。他们推举颜真卿为盟主,聚集了二十万兵力,截断了燕赵的交通联络。朝廷听到这个消息,便任命颜真卿为户部侍郎,辅佐河东节度使李光弼讨伐叛军。叛军大将史思明围攻饶阳,派游军截断了平原郡的救兵,颜真卿担心不敌叛军,便写信请贺兰进明同来,许诺把河北招讨使之职让给他,还派贾载渡海送去十多万军费,并用自己十岁的儿子颜颇作为人质。此时,太子李亨(唐肃宗)已在灵武登基。颜真卿多次派使者带着用蜡丸封的信向李亨汇

第四章 世代传颂的"武圣"

报军政事务，李亨任命他为工部尚书兼御史大夫，复任河北招讨使。后来，颜真卿率义军对抗叛军，一度光复河北，为大唐立下汗马功劳。

建中四年（783年），淮西节度使李希烈攻陷汝州发动叛乱。有人建议派颜真卿前往李希烈军中，传达朝廷旨意，唐德宗李适竟然同意了这个荒谬的建议。众人知道此行凶险，纷纷劝颜真卿不要去。但颜真卿大义凛然地回答："圣旨能逃避吗？"

颜真卿到达叛军处，李希烈想给他一个下马威。便在见面时，让自己的部将和养子一千多人都聚集在厅堂内外。颜真卿刚开始宣读圣旨，那些人就冲上来，手里拿着明晃晃的尖刀，围住他又是谩骂，又是威胁。可颜真卿面不改色，李希烈只得命众将退下，让颜真卿住进驿馆。李希烈见颜真卿德高望重，便逼他写信给朝廷，来洗刷自己的罪行，颜真卿不从，李希烈就以他的名义派他的侄子颜岘与几个随从到朝廷继续请求。在此期间，颜真卿每次给儿子写信，都只告诫他们敬奉祖宗，抚养孤儿，从未有其他的话。李希烈派人劝说颜真卿，却被颜真卿严词呵斥："你受国家委任为官，不能报答国家，想我没有兵杀你，还来诱说我吗？"李希烈请来他的同党，设盛会，唤来颜真卿，并指使戏子们借唱戏攻击和侮辱朝廷。颜真卿愤怒地说："你是皇帝的臣子，怎么能这样做！"起身拂衣离去。后来，旁人又劝说李希烈："很早就听说太师的名望高、品德好，您想当皇帝，太师来了，选人当宰相谁能超过太师？"颜真卿听后大骂他们："你们听说颜常山没有？那是我的兄长，安禄山反叛时,他最先起兵抵抗,后来即使被俘了,也不住口地骂叛贼。我将近八十岁了,官做到太师,我至死保持我的名节,怎么会屈服于你们的胁迫!"李希烈见颜真卿不受诱惑,又开始威逼,派人在庭院中挖了一丈见方的坑,扬言要活埋他,颜真卿约见李希烈说:"死生有命,何必搞那些鬼把戏!"荆南节度使张伯仪兵败时,李希烈命令把张伯仪的旌节以及被俘士兵的左耳送给颜真卿看,他痛哭扑地,气绝后又苏醒,从此不再与人说话。颜真卿估计自己一定会死,于是提前准备了写给德宗的遗书、自己的墓志和祭文,指着寝室西墙下说:"这是放我尸体的地方啊!"李希烈称帝时,派使者向颜真卿询问登帝位的仪式,颜真卿回答说:"老夫年近八十,曾掌管国家礼仪,只记得诸侯朝见皇帝的礼仪!"后来,唐军攻势渐强,形势发生转变。李希烈派部将辛景臻、安华到颜真卿住所,在院中堆起干柴说:"再不投降,就烧死你!"颜真卿起身便想跳入火中,被人拉住才没有死。后来李希烈的弟弟李希倩因叛乱被杀,李希烈因而发怒,派宦官前往蔡州杀害颜真卿。宦官对颜真卿说:"有诏书!"颜真卿以为是朝廷的使者,便拜了两拜,准备领旨。宦官说:"应该赐你死。"颜真卿说:"老臣没有完成使命,有罪该死,但使者是哪一天从长安来的?"宦官说:"我是从大梁来的。"颜真卿当即大骂道:"原来是叛贼,怎敢称诏!"随后,他便被叛军缢杀了。

嗣曹王李皋听到颜真卿死节的消息后,悲痛万分,三军都为之痛哭。半年后,叛乱平定,淮西节度使陈仙奇派军将护送

第四章 世代传颂的"武圣"

颜真卿的灵柩回京，同年，将其葬于京兆万年颜氏祖茔。德宗为他废朝五日，追赠司徒，谥号"文忠"。

大唐皇帝由此认为，要大力宣传忠义精神。但颜真卿作为朝廷高官，不被广大百姓所熟知，想要教育广大百姓，更需要一个百姓们耳熟能详的人物。作为历史人物同时又经常出现在民间艺术中的关羽就成了不二之选。其忠于蜀汉政权之身份，恰好符合"忠义"精神之需求，于是中央政权逐步重视关羽的"忠义"价值，并通过多种途径构造关羽的"忠义"身份。

因为关羽的"忠"首先是对君主的忠。在中国古代社会中，君臣关系一直是最重要的关系。孔子曾说"君使臣以礼，臣事君以忠"。孟子继承和发展了孔子的思想，认为"欲为君，尽君道；欲为臣，尽臣道"。他们的理论中对"君道""臣道"的规范一定程度上强调了君臣关系的相互制约性。但到了汉代，出于封建大一统的政治需要，董仲舒便明确提出了"君为臣纲"，并用"天人感应"的神学理论加以说明，把君的地位绝对化、神秘化。宋代理学家张载又从伦理学的角度使君权本体化、精致化。他说："大君者，吾父母宗子；其大臣，宗子之家相也。"认为帝王、君主是天的嫡长子，而臣则是君的臣仆，突出了君权的尊长地位，强调臣下辅佐君主的义务。同时期的程颢、程颐则从另一方面强调了臣对君的绝对服从。他们认为，臣下对君主必须竭诚相待，忠心不二，即使君有了过错，也是罪在臣而不在君，原因是臣没有尽责。这样就把臣对君的忠提到了天经地义的高度，到了愚忠的地步。在后来的中国社会中，这种君权至上的封建专制主义思想一直占据着统治地位，它的具体体现仍是一个"忠"字，就是要求臣下对君尽忠，死而后已。关羽"忠义"形象的塑造，正符合这种思想，宋明以后随着君主集权的强化，作为忠义典范的关羽的地位也日趋上升，在清代终与孔子并列文武之圣位。

但更重要的是，关羽的"忠"是对国家的忠。《三国演义》中，刘关张三人对天发誓，要"上报国家，下安黎民"，说明他们的目标便是为国家和民族尽忠，从"君臣有义"这个角度来说，关羽的"义"就是尽忠刘备，"义"的实质就是服从"忠"，后来关羽的一言一行无不证明了这一点。关羽兵败不服，曹操劝降，关羽明确声言："我与刘皇叔设誓，共扶汉室。吾今只降汉帝，不降曹操。"麦城被围，诸葛瑾劝降，关羽在生死关头，凛然作答："吾乃解良一武夫，蒙吾主以手足相待，安肯背义投敌国乎？城若破，有死而已，玉可碎而不可改其白，竹可焚而不可毁其节；身虽殒，名可垂于竹帛也。"关羽终生守义，以身尽忠，用一生的言行和自己的生命写下了一代忠臣的壮烈篇章。

历史不断发展，民族不断融合，社会不断进步，但我们应该明白，关羽的忠臣形象，始终是人们心中忠于国家、忠于人民的理想模型。

第七节　武圣之义

关公之义，多是后世传说赋予他的品格，却是关羽最为百姓所喜欢的品质。他的"义"是多层次的，是忠义，是信义，是侠义，更是正义。

最能体现关羽信义的故事，除了尽心辅佐刘备，便是关羽与曹操之间发生的两个故事了。

其一便是"千里走单骑"，故事发生在关羽当年投降曹操之时。曹操攻下了徐州，又来攻下邳，关羽保护着刘备妻子等家小，随曹操往许都。其间，袁绍起兵攻打曹操，曹操领五万兵马迎战。袁军先锋颜良勇不可当，连斩曹将宋宪、魏续。关羽感谢曹操的照顾，便杀了袁绍的大将颜良，第二天又斩了袁绍的另一大将文丑，帮助曹操大胜。而袁军处，刘备发现关羽在曹营，便给关羽送去书信。关羽见到刘备的书信，便将曹操过去送他的财物、美女全部留下，将自己的汉寿亭侯大印挂在营中，留给曹操一封书信，护着二位嫂嫂找刘备去了。关羽一路上护送二位嫂嫂去找刘备，却因走得急，没有曹操放行的命令而受到阻拦。于是，这一路上，关羽勇过五关，连斩六将。但过了黄河，是袁绍的地盘，在这里，关羽遇上了孙乾。孙乾告诉关羽，刘备已去了汝南，要关羽与二位夫人到汝南相见。

关羽与孙乾重新渡过黄河向汝南出发。这时，曹操部将夏侯惇领兵追到，与关羽展开厮杀。正在此时，两位使者先后送来了曹操的放行文书，夏侯惇认为关羽闯关杀人，不能放他走，此时张辽赶到传达曹操命令，说曹操知道关羽过关斩将，仍叫放行，才让关羽一行人马走了。

关羽继续前行，中途在卧牛山收得落草为寇的好汉周仓为自己扛刀。走到古城时，占了城的张飞认为关羽投降了曹操，不肯相认，举起丈八蛇矛便刺关羽。这时，曹操部将蔡阳杀来，要为外甥秦琪报仇。张飞要关羽在三通鼓后斩了蔡阳，才肯相认。关羽在一通鼓未尽前便斩了蔡阳，表明了自己的心迹。张飞这才明白了关羽的一路辛苦，便放声大哭，跪在关羽面前谢罪。谁知刘备这时又跑到河北袁绍那儿去了。关羽与孙乾又赶到河北关家庄才见到了刘备，兄弟相见，抱头痛哭。关羽收关家庄的二公子关平为义子。刘备怕袁绍追赶，与关羽直奔张飞驻守的古城。再次经过卧牛山时，遇到了赵云，便一同前往古城。刘备与两个弟弟重新团聚，又新得赵云、关平、周仓三员大将，于是大家杀牛宰羊庆贺团圆。但刘备考虑古城太小，便率领人马驻扎汝南，招兵买马，另谋大事。这一路曲折坎坷，关羽不辞千难万险也要回到刘备身边，这便是"信义"。

其二便是"义释曹操"。《三国演义》当中写道，赤壁一战，曹军大败。曹操带领残兵败将狼狈逃命，一路上连遭伏兵劫杀，最后只剩三百余骑往华容道逃去。这正中诸葛亮的筹谋，诸葛亮便安排关羽在曹操的必经之路上设下埋伏。正值曹军人困马乏之际，曹操突然在马上扬鞭大笑。众问何故，曹操道："人都说周瑜、诸葛亮足智多谋，但今日一见，这二人也不过是无能之辈。若在此处埋伏一军，我等皆束手受缚矣。"还没等曹操说完，只听得喊声一片，从两边冲出五百刀手，大将关羽提青龙偃月刀，跨赤兔马，截住了曹军去路。曹军见此状，已经吓得亡魂丧胆，面面相觑。

曹操见状说道："既然已经到了这种地步，那就只得决一死战了！"

可当时，曹军已然没有了斗志，众将回禀曹操道："即使战士们不怕死，拼死一战，可是战马已经力竭，怎能再战呀！"

此时，谋士程昱便给曹操出主意，说道："那关羽一向傲慢，不肯向权贵低头，却礼贤下士，他一向宁愿欺强而不凌弱，恩怨分明，素来以信义著称。丞相从前待他有恩，今日如果您亲自向他求情，说不定他会念及旧恩放过我们。"

曹操思忖片刻，便听从了他的建议。只见曹操纵马向前，欠身问道："关将军别来无恙？"关羽见是曹操，便也欠身答道："我奉军师将令，等候丞相多时。"

曹操此时便向关羽示弱，说道："我今日兵败势危，已经走投无路，希望将军可以念在昔日我们的旧交上，放我一马。"

关羽听闻此言，自是难以答应，便对曹操说道："昔日末将虽然承蒙丞相厚恩，但我当日斩颜良已经报还，如今怎可以私废公？"

曹操见关羽不肯答应，又说："大丈夫以信义为重，五关

斩将之时,将军还记得否?"

关羽是个义重如山的人,想起当日曹操许多恩义与后来五关斩将之事,不觉动心。又见曹军惶惶,皆欲垂泪,心中越发不忍,于是勒回马头,命众军让开道路。曹操见关羽回马,便和众将一齐冲过去。

关羽回身时,曹操已与众将过去了。关羽大喝一声,曹军皆下马,哭拜于地,关羽愈加不忍。正犹豫间,曹将张辽纵马而至。关羽和张辽是故友,今日见了,又动故旧之情,长叹一声,并皆放行。

这两则故事,虽然是罗贯中的艺术加工,却反映了当时人们对"信义"的理解,是每个人心中"信义"的理想模型,虽然不是历史上关羽做过的事,却是关羽这个形象所承担起来的可贵品质。

另外,关公之"义"是一种重义轻利的信誉之义,这也是人们赋予关公的品质。

关公的故乡运城,自古时起,便是商贸繁盛之地,而商人最看重的便是信义。在民间享有信义和仁义之称的关羽,就是这种价值观的体现。于是,关羽其人,便不再是单一的军事人物,而与人们的生活和商业活动联系起来。到明清时,晋商之盛以至富可敌国,因商者的推崇,凡繁荣之商道必供关公神位(如以江南之盐粮往北接济帝都的大运河沿线城市,即遍布关公庙宇,香火极旺),促进了关公文化的传播,并延续下来。而今中国大街小巷的店铺常可见关公神像,海外华人圈内为表达广交朋友的意愿,都以关公之义为其信仰。于是,一尊红脸绿袍、执大刀、着金甲、捋黑须的威武神像便在大街小巷随处可见。店铺、银庄、酒楼、茶馆,神龛中的关公仿佛从天而降的财神,预示财源滚滚和信义为重。关公文化俨然成为乡里、商圈、朋党的见证者。直到现在,经历千年岁月,关公跃马横刀的形象仍无丝毫磨灭,关公文化的内核仍然清晰地印刻在人们心中。

由此可见,关公文化主要因为民间的推动,而成为一种起之于底层、传播于全社会的信仰和精神力量。千年来,关公文化的影响力甚至可与儒家文化相媲美。新乡市博物馆收藏着一座精美的明清时期的关公青铜像,六百年前的文物与现代工艺无异,而这种非官制的关公塑像,在全国并不少见。即使在穷乡僻壤,也能找到关帝庙与纪念地,关公故事,直到今天仍是一道文化风景。可以想见,关公文化在民间的深厚力量。

关公之"义"是一种救民于水火的及时雨。关公在人们心中爱民如子、救民无数,只要有求,必获其助。这就是关公之义的黎民情结。历史上的关羽从未到过珠江三角洲地区,但在广东顺德,城内仍存西山庙,该庙建于明初天顺年间(约1464年秋),原是关帝庙,专祀三国名将关羽、关平、周仓诸神。在西山庙建成后的数百年间,关帝显灵之事便出现过多次,每当城镇、百姓蒙难之时,骑赤兔马、执青龙偃月刀的"金甲神"便会呼啸而至,杀敌于疆场、救民于水火。人们不需辨真伪,只需信其有,便会有固城安邦、祛灾呈祥的结果。可见,有难

即有神,关公之灵验,正是老百姓的心愿。

关公之"义",更是一种对于家国的忠贞之义。东汉末年和三国时期,军阀割据,礼崩乐坏,社会浮动,人心向背难料,忠义之士难觅。故关羽这样的忠心耿耿者,自然被上下引为社稷稳定的股肱之臣。此后,每当国家蒙难、文明蒙尘之时,关公便成为中华民族信仰的图腾,帮助人们增加救国救民的勇气,增长战胜外敌的志气。一代一代,周而复始,关公之义在一代代爱国民众的坚强意志中流传下来,成为一种忠于家国的传世道义,不断被赋予新的意义。

第八节 后世评价

关羽自被写入史书开始,就注定被后世不断讨论,每个时期,人们都会对他进行重新解读,这不仅仅是因为关羽的一生建立了了不起的功业,更是因为人们在每个时代都会不断赋予他新的精神内涵。

唐朝时期,关羽的形象主要表现为仁义、忠勇,同时兼有气节,这一时期,文人士大夫的作品中出现了大量赞颂关羽的作品,这些作品主要包括诗词、官方史书、碑铭、杂记等,其内容主要是对关羽的赞颂和正面肯定。如唐初著名书法家、文学家虞世南对关羽的赞颂:"利不动,爵不縻。威不屈,害不折。心耿耿,义烈烈。伟丈夫,真豪杰。纲常备,古今绝。"再如杜甫诗："孰与关张并，功临耿邓亲。应天才不小，得士契无邻。"（《谒先主庙》）还有很多诗人为关羽作过诗，在他们的诗作中，关羽是勇猛的武将，是忠义的勇士，更是国家和民族的希望。

王维曾经作文："非关羽之绝伦，何以厕迹虎臣、仪形麟阁？"（《为曹将军谢写真表》）王维在文中用"绝伦"来赞颂关羽，"绝伦"一词在此所赞颂的不仅仅是关羽的才干，更是他忠勇的品行。再如张士贵奏曰："乃绛州义军都头目薛怀玉也。此人勇若关张，智同伊尹，堪当大用。"（《薛仁贵征辽事略》）又如张元晏作文称："祢衡垂一鹗声之名，关羽盖万人之敌。御众布投胶之德，礼贤怀比饭之恭。智略出群，忠果成性。"（《授冯行袭昭信军节度使制》）这里更是将《三国志》中关羽的负面形象彻底颠覆过来，关羽成为既怀德又礼贤下士，同时兼有万夫不当之勇的将军。不管是文人骚客，还是武将勇士，对关羽的评价都是极高的，他们用丰富的文学作品来赞颂关羽，更是对自己、对他人的期待。

进入宋代，除了继承唐代对关羽形象的评价外，由于时势的变化，宋代文人士大夫笔下的关羽，多了几分悲情英雄的色彩和对国出良将的寄托，这一时期，人们把关羽当作了一个有血有肉、有缺点有遗憾的普通人，对于关羽的缺点和不足抱以同情与感伤。这既是对国家民族现状的不满，更是对自身无力报国的无奈，面对北方的边患问题，文人们非常希望国有良将猛士以保卫国家、收复故土，于是，人们便在诗歌中赞颂关羽，

陆游在诗《读史》中写道:"颜良文丑知何益,关羽张飞死可伤。等是人间号骁将,太山宁比一毫芒。"

清朝末年,人们对关羽的感情发生了变化。特别是随着封建势力对社会变革的阻碍,当时,人们认为社会上的关公信仰是统治阶级愚弄民众的手段。在辛亥革命爆发后,人们推翻了封建帝制,但当时仍然有封建势力希望复辟帝制,一个叫张勋的军阀带着辫子军攻入北京,上演了一出复辟帝制的闹剧。后来的人们便认为,像张勋这样的军阀还在对被推翻的君主"愚忠",这是受到了关公"忠义"文化的影响,于是连同关公一起批判了起来。不少人更多注意到了历史上关羽的性格缺陷,对关羽展开了全方位的批判。但鲁迅先生还是抓住关羽身上"忠义"的特点,对他给予了更加全面的评价。

毛泽东也曾对关羽做出过评价,作为伟大的军事家,毛泽东对关羽的军事成就很感兴趣,他曾评价关羽,既有义、智、忠、勇等高大形象,也有孤傲自大、不懂统一战线、大意等负面形象。在中国革命遭遇挫折和反复的时候,毛泽东便用"过五关斩六将"的故事来鼓励全党,希望大家能够坚定方向,坚持斗争。后来,毛泽东也指出了关羽的性格缺陷,认为他自大、不懂得统一战线,用这些来教育全党灵活应对中国革命遇到的各类问题。后来,毛泽东指出,关羽的义、智、忠、勇等高大形象是统治阶级吹出来的,当然,这是出于解放人们思想的需要,希望人们不要受到封建思想的束缚。

建国初期,经过战争的洗礼,人们又怀念起关羽忠勇、正直和善战的品质。因为当时中国面临着战后百废待兴的局面，发挥关羽的这些重要品质，对当时中国的各项事业都有着重要的作用和意义。

二十世纪以来，人们认为，关羽形象体现了儒家思想和伦理道德观念，是一个被儒化的英雄形象。关羽的"义"渐渐被人们重新理解和定义。新时代，人们的价值观念逐渐多元化，更多的人愿意从更多的角度、更多的侧面去认识关羽、理解关羽，从关羽身上挖掘出更多的精神内涵来激励自己。

当前，我们面临着复杂的国际形势，一些受到西方价值观念影响的人对国家、对民族、对未来产生了怀疑和悲观的情绪，但更多的人看到了当前我们所取得的成绩，以及中华民族数千年的智慧和复兴民族的希望。每个人对关羽的认识和评价都在不断拓展、深化，但不变的是，我们对关羽身上美好品质的认识和对中华民族传统美德继续传承下去的期待。我们会站在更加客观的角度去看待关羽、评价关羽。相信，随着时代的不断进步，人们对关羽的认识和评价还会继续深化，但是，围绕着忠、勇、义的主题不会改变。

关羽大事记

中平元年（184年）年二月
张角黄巾起义，关羽助刘备镇压黄巾军。

中平六年（189年）年十月
刘关张三人投靠公孙瓒，刘备率关羽、赵云取得青州，关羽赢得了"万夫不当之勇"的美名。

建安元年（196年）
曹操攻打徐州，刘备率关羽驰援，刘备任徐州牧。

建安三年（198年）三月
曹操与刘备共同讨伐吕布。

建安四年（199年）
刘关张随曹操到许昌，后关羽随刘备离开许昌，配合曹操截击袁术。

建安五年（200年）
因击败吕布，曹操委任刘备为左将军、关羽为中郎将。

建安五年（200年）
曹操攻打刘备，关羽守下邳，曹操以刘备家人威胁，关羽投降曹操。

建安五年（200年）
五月，白马之战为曹操斩颜良，被封为汉寿亭侯。

建安五年（200年）七月
关羽与刘备会合。

关羽大事记

建安六年（201 年）
关羽随刘备投奔刘表，驻扎新野。

建安七年（202 年）
刘表派刘备北上，关羽随军深入南阳伏击曹操大将夏侯惇、于禁。

建安十三年（208 年）冬
赤壁之战，关羽率军在北路驰援，阻击曹操援军南下。刘备占有荆州武陵、长沙、桂阳、零陵四郡，任命关羽为荡寇将军、襄阳太守，率军驻扎江北。

建安十五年到建安十六年之间（210—211 年）
关羽与曹操手下乐进、文聘等大将在寻口、荆城交战，又与徐晃、满宠等人在汉津交战。

建安十六年（211 年）
刘备入蜀助刘璋防御张鲁，张飞、赵云、诸葛亮与关羽共守荆州。

建安十九年（214 年）夏
关羽驻守荆州。刘备平定蜀地后，以关羽董督荆州事，授权掌管荆州地区，同年，关羽与鲁肃就荆州问题谈判，单刀赴会。

建安二十年（215 年）
孙权擅设长沙、零陵、桂阳三郡官吏，关羽尽数驱离。

建安二十四年（219 年）七月
关羽包围樊城，水淹七军。

建安二十四年（219 年）十二月[1]
关羽兵败身死。

---

[1]建安二十四年十二月为农历时间，对应的公历时间为公元 220 年。

参考文献

[1] 濮文起. 关羽：从人到神 [M]. 北京：商务印书馆，2020.

[2] 田海. 关羽：由凡入神的历史与想象 [M]. 王健，尹薇，闫爱萍，等译. 北京：新星出版社，2022.

[3] 方北辰. 刘备：常败的英雄 [M]. 北京：北京大学出版社，2013.

[4] 渡边义浩. 关羽：神化的《三国志》英雄 [M]. 李晓倩，译. 北京：北京联合出版公司，2017.

[5] 陈寿. 三国志 [M]. 裴松之，注. 北京：中华书局，2006.

[6] 刘公宇. 战神关羽的产生及历史影响研究 [D]. 武汉：华中师范大学，2021.

[7] 查利. 关公诞生传说研究 [D]. 呼和浩特：内蒙古师范大学，2019.

[8] 张悦. 东汉末年皇族军阀集团研究 [D]. 重庆：重庆师范大学，2020.

[9] 赵立民. 汉魏晋之际武人研究 [D]. 太原：山西大学，2011.

[10] 牛聪伟. 关公"武"文化仪式与认同研究 [D]. 上海：上海体育学院，2017.

[11] 侯乃铭. 论三种关羽形象的交融、演变与冲突 [J]. 安

顺学院学报，2020（5）.

[12] 景森彪. 略论"关羽北伐"[J]. 文教资料，2013（7）.

[13] 王智临，王成. 情绪管理失当：关羽失荆州的一个分析视角[J]. 现代商贸工业，2020（2）.

[14] 王敏，曹巍. 唐宋时期的关羽崇拜与文人笔下的关羽形象[J]. 齐齐哈尔大学学报（哲学社会科学版），2019（1）.

[15] 宗亮. 由勇武而忠义：中古时期关羽形象的演变[J]. 运城学报，2022（5）.

[16] 刘海燕. 民间传说中关羽形象塑成探析[J]. 山西大学学报（哲学社会科学版），2004（5）.